歩いて楽しむ

東京

CONTENTS

建築美が際立つ
ミュージアムへ

美術館や博物館が大充実の東京都内。
実はその建物の多くが、著名な建築家の手によるもの。
名建築に包まれた非日常のアート空間へ。

昭和の建築美

昭和モダニズム建築の金字塔

重文

上野
東京国立博物館 本館
とうきょうこくりつはくぶつかん ほんかん

日本で最も歴史のある博物館で、国宝や重要文化財指定の作品所蔵数も国内随一。建築の最大のみどころは本館エントランス。大理石造りの大階段が広がり、まるで異空間への入口のよう。🗺 P53

建築Story
関東大震災を経て、昭和13年(1938)に銀座和光を手掛けた渡辺仁氏の設計で再建。洋風建築に東洋の瓦屋根を被せた"帝冠様式"の傑作として名高い。

明治42年(1909)築の表慶館も国の重要文化財

芝庭に面した
本館建築

©東京都庭園美術館

アール・デコ様式の粋を結集

建築Story
朝香宮がパリ万博に感銘を受けて着工。アール・デコの巨匠アンリ・ラパンが内装を基本設計し、宮内省内匠寮の技師たちが具現化。

重文

白金台
東京都庭園美術館
とうきょうとていえんびじゅつかん

昭和初期の旧朝香宮邸を美術館として開放。建物自体が美術品となっており、随所にアール・デコ調の繊細な装飾が見られる。館内にガラス工芸や彫刻、鉄工芸などの作品も展示。正面玄関の翼を広げた女性像は、型押ガラス製法で作られた。🗺 P183

上野
国立西洋美術館

こくりつせいようびじゅつかん

昭和34年（1959）に竣工し、「松方コレクション」を核に広く西洋美術を収蔵・展示。「近代建築の5つの要点」のひとつである、柱だけで建物を支えている「ピロティ構造」で軽やかな印象を与えている。☞P54

モダニズム建築の傑作を仰ぐ

建築Story

近代建築の先駆者、フランスのル・コルビュジエが設計を担当。日本の近代建築発展に貢献したことなどから、2016年に世界文化遺産に登録。

オーギュスト・ロダン《考える人（拡大作）》国立西洋美術館松方コレクション撮影：上野則宏

三角形のトップライトから光が降り注ぐ本館「19世紀ホール」

写真提供：国立西洋美術館

重文

静嘉堂文庫美術館
せいかどうぶんこびじゅつかん

三菱二代・四代社長岩﨑彌之助・小彌太のコレクションで、国宝や重文を含む東洋古美術品約6500点を収蔵。2022年に明治生命館（→P19）にギャラリーを移転。美術館の中心に広がるホワイエは荘厳な雰囲気。

☎ 050-5541-8600（ハローダイヤル）
🏠 千代田区丸の内2-1-1 明治生命館1階　⏰10:00～17:00（土曜は～18:00。ほか夜間開館日あり）　休月曜（祝日の場合は翌日）、展示替え期間
💴入館1500円　MAP P17A3

撮影：木奥恵三

国宝の曜変天目
（稲葉天目）

昭和の建築美

かつてGHQに接収された明治生命館

建築Story 建築学会の重鎮・岡田信一郎が3年7カ月を要して竣工。美術館の内装は、古典主義に根ざしたデザインと採光により非日常を演出。

天井から光が差し込む瀟洒な空間

©国立新美術館

円錐形を生かした近未来的空間

館内にやわらかな光が
差し込む構造

国立新美術館

こくりつしんびじゅつかん

定期的に企画展や公募展を開催す
る国内最大級の美術館。波打つガ
ラス張りのフォルムや円錐形を生
かした館内エレメントなど、ユニ
ークな建築美に浸りながらアート
鑑賞ができる。 📍P106

"黒川建築"の集大成ともいえる建築

平成・令和の建築美

―― 青山 ――
根津美術館
ねづびじゅつかん

東武鉄道の社長などを務めた根津嘉一郎の日本及び東洋の美術コレクションを収蔵。竹や石材などを使い静謐な空間を生み出すことで、建物自体からも日本人の美意識が感じ取れる。 P164

建築 Story

新国立競技場などを手掛けた世界的建築家・隈研吾氏（くまけんご）がデザイン。伝統的な日本家屋をベースに、庭と一体化したミュージアムを創出。

現代建築の奇才が放つ"美"を体感

自然とアート空間の壮大なる融合

―― 深川 ――
東京都現代美術館
とうきょうとげんだいびじゅつかん

戦後美術を中心に現在へ至る現代美術の流れを、約5800点の収蔵作品などで紹介。建物自体もユニークで、石の質感や木場公園の緑を身近に感じながらアート鑑賞ができる構造になっている。

☎ 050-5541-8600（ハローダイヤル） 住 江東区三好 4-1-1 時 10:00 〜 18:00（展示室入場は閉館の 30 分前まで） 休 月曜（祝日の場合は翌平日）、展示替え期間 料 展覧会により異なる MAP P85C2

建築 Story

建築家・柳澤孝彦氏（やなぎさわたかひこ）が設計。自然との一体感を出すため、トラス構造による採光や中庭の配備など、随所に意匠が隠れている。

本書の使い方 📖

【コースの見方】

●コースのデータ

紹介しているコースの歩行時間、距離、おすすめの季節を紹介しています。歩行時間は取材時に、実際に歩いた時間を掲載しています。歩行時間はあくまで目安であり、個人差がありますのでご注意下さい。また、途中立ち寄るスポットの所要時間は含まれていません。

●コースの概要

本文では紹介しているコースのみどころや歩き方を、「おさんぽアドバイス」ではコースを歩く上での注意点やポイントなどを紹介しています。

●みどころダイジェスト

紹介するコースのダイジェストが見られます。また、各観光スポットにかかる所要時間の目安も紹介しています。

●スタート&ゴール

紹介するコースのスタート地点とゴール地点のバス停または鉄道駅を記載しています。また、スタート地点までのアクセス、ゴール地点からの帰り方も紹介しています。

●高低図

スタート地点からゴール地点までの道の上り下りを示しています。それぞれの地点は本文の番号と対応しています。

●歩く時間 >>>
約**60分**

●歩く距離 >>>
約**3km**

●おすすめ季節 >>>
春🌸 (4〜5月)

明治初期に煉瓦の街造りが始められて以来、常に最先端の文化や風俗を吸収し、発展してきた銀座。裏通りも含めてじっくり歩いてみると、洗練された街並みの随所に、その時代時代の名残が今も色濃いことがよく分かる。基本ルートを参考に、ときには路地に迷い込みながら、気の向くままに散策してみよう。

おさんぽアドバイス

中央通り(銀座通り)の歩行者天国は土・日曜、祝日の12:00〜17:00(4〜9月は〜18:00)。この日に散策すると歩きやすい。

最先端の街の隠れた素顔を求めて

12

銀座 〜ぎんざ〜

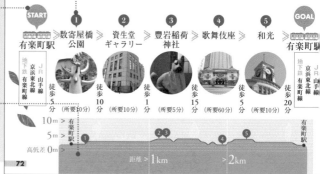

START		①	②	③	④	⑤	GOAL
有楽町駅		数寄屋橋公園	資生堂ギャラリー	豊岩稲荷神社	歌舞伎座	和光	有楽町駅
地下鉄 JR 山手線 京浜東北線 有楽町線		徒歩5分 (所要10分)	徒歩10分 (所要10分)	徒歩1分 (所要5分)	徒歩15分 (所要60分)	徒歩5分 (所要10分)	徒歩20分 地下鉄 JR 山手線 京浜東北線 有楽町線

10m
5m
高低差 0m

距離 > 1km > 2km

72

【データの見方】

観光スポット

❶ 数寄屋橋公園
すきやばしこうえん

岡本太郎の作品が目を引く

かつて江戸城外堀に架かる数寄屋橋があった地。この橋は戦後、ラジオドラマ「君の名は」で有名になったが、外堀が埋め立てられた際に撤去された。原作者有田一夫の筆による「数寄屋橋此処にありき」の碑がある。

☎03-3546-5435
(中央区環境土木部水とみどりの課公園河川係)
⬤東京都中央区銀座5-1-1・4-1-2
🕐休❘入園自由
MAP P73A2

☎ 03-3546-5435 ●───── ●スポット名
(中央区環境土木部水と ───── ●電話番号
みどりの課公園河川係) ───── ●所在地
⬤ 東京都中央区銀座 ───── ●開館(拝観)時間
5-1-1・4-1-2 ───── ●閉館(閉門)日
🕐休❘入園自由 ───── ●入場(入館)料
MAP P73A2 ───── ●地図掲載位置

【地図の見方】

地図記号の主な凡例

卍 寺院　🏥 病院　Ⓢ スーパーマーケット　Ｑ バス停　ampm　☐ ローソン　🅟 カフェ　📷 見る
⛩ 神社　🏦 銀行　✈ 空港・飛行場　Ⓗ 宿泊施設　セブンイレブン　CV その他コンビニエンスストア　🅟 ショップ　卍 寺院
✝ 教会　○ 信号機　🚻 トイレ　ファミリーマート　レストラン・食事処　Ｙ バー居酒屋　⛩ 神社

◉スタート地点

鉄道駅またはバス停からのスタートとなっています。スタート地点までのアクセスもしくは鉄道路線は、各コースの1ページ目に記載しています。

◉進行方向

各コースの進行方向を矢印（→）で示しています。

◉スタート地点からの距離

スタート地点からの距離を1kmごとに記載しています。

◉紹介スポット

各コースで紹介するスポットには番号が入っています。それぞれの番号は、本文の番号と対応しています。

◉立ち寄りスポット

散策の途中に立ち寄りできるスポットを紹介しています。

◉ワンポイント

コース内で紹介できないみどころや商店街、特徴的な通りなどを紹介しています。

◉ゴール地点

鉄道駅またはバス停をゴールとしています。ゴール地点から最寄り駅までのアクセスもしくは鉄道路線は、各コースの1ページ目に記載しています。

立ち寄りスポット

東京鳩居堂 銀座本店 ●‥‥‥‥‥‥‥‥ ◉店名

寛文3年（1663）創業
お香や和小物・和文具、書画用品の老舗専門店。1階は人気のシルク刷はがき121円〜や和紙の便箋など、2階には鳩居堂オリジナルのお香や書画関連の品が並んでいる。

☎03-3571-4429
🅟中央区銀座5-7-4
⏰11:00〜19:00
休不定休
MAP P73B3

‥‥‥‥‥ ◉カテゴリー ☕ …カフェ　🍴 …レストラン・食事処
　　　　　　　　　　　 🎁 …おみやげ　🎯 …遊ぶ

☎03-3571-4429 ●‥‥‥‥ ◉電話番号
🅟中央区銀座5-7-4 ●‥‥‥ ◉所在地
⏰11:00〜19:00 ●‥‥‥‥ ◉営業時間（LOはラストオーダーの時間）
休不定休 ●‥‥‥‥‥‥‥‥ ◉定休日
MAP P73B3 ●‥‥‥‥‥‥ ◉地図掲載位置

東京 INDEX MAP

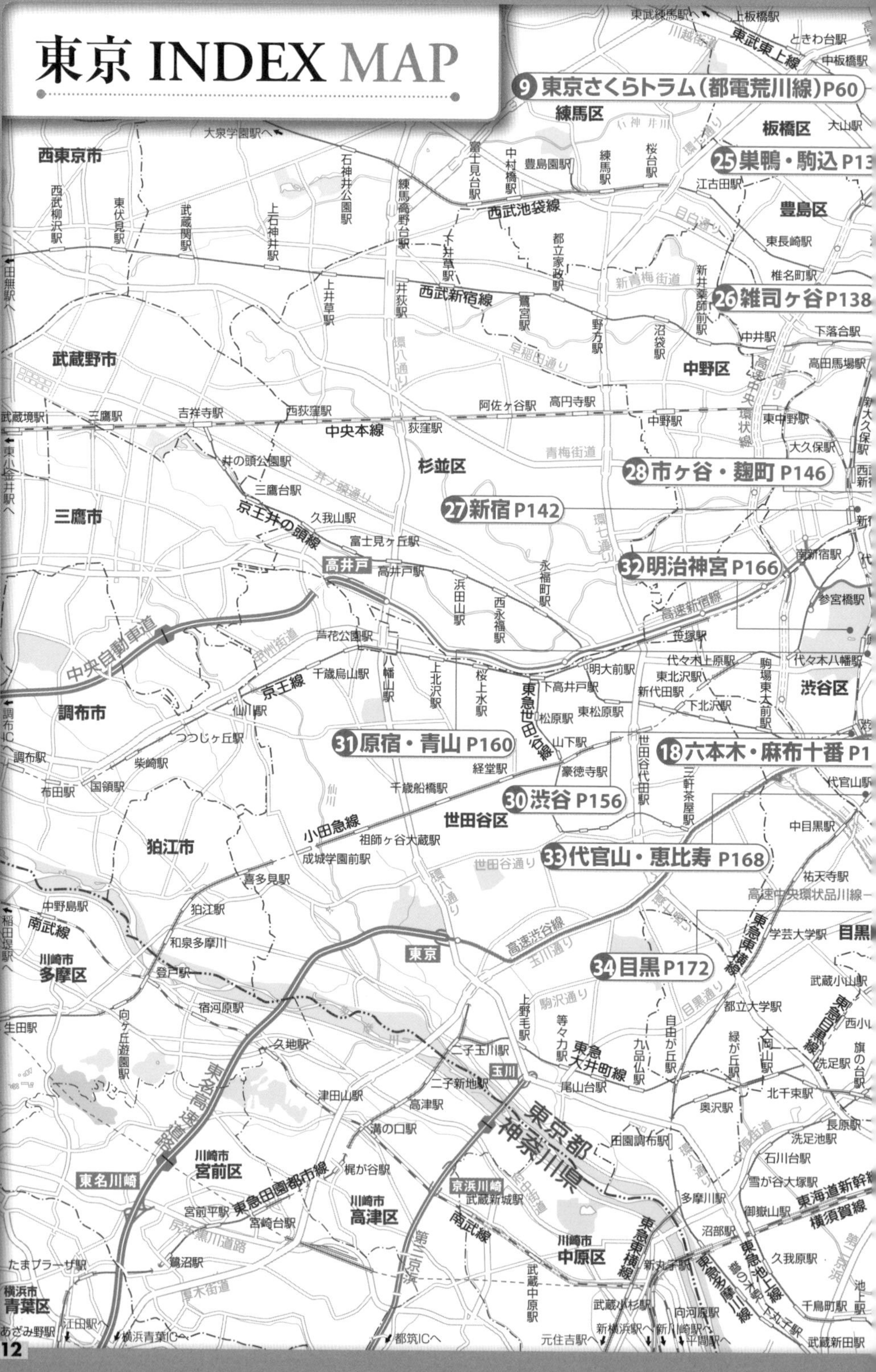

9 東京さくらトラム（都電荒川線）P60
25 巣鴨・駒込 P13
26 雑司ヶ谷 P138
28 市ヶ谷・麹町 P146
27 新宿 P142
32 明治神宮 P166
31 原宿・青山 P160
18 六本木・麻布十番 P1
30 渋谷 P156
33 代官山・恵比寿 P168
34 目黒 P172
練馬区
板橋区
豊島区
中野区
杉並区
渋谷区
世田谷区
西東京市
武蔵野市
三鷹市
調布市
狛江市
川崎市 多摩区
川崎市 宮前区
川崎市 高津区
川崎市 中原区
横浜市 青葉区
東京都
神奈川県
東武練馬駅
上板橋駅
東武東上線
ときわ台駅
中板橋駅
大山駅
大泉学園駅へ
豊島園駅
江古田駅
西武池袋線
東長崎駅
椎名町駅
西武新宿線
下落合駅
中井駅
高田馬場駅
中央本線
武蔵境駅
三鷹駅
吉祥寺駅
西荻窪駅
荻窪駅
阿佐ヶ谷駅
高円寺駅
中野駅
東中野駅
大久保駅
井の頭公園駅
三鷹台駅
久我山駅
富士見ヶ丘駅
京王井の頭線
高井戸
高井戸駅
南新宿駅
参宮橋駅
芦花公園駅
千歳烏山駅
京王線
仙川駅
つつじヶ丘駅
柴崎駅
調布駅
国領駅
布田駅
明大前駅
下高井戸駅
松原駅
東松原駅
代々木上原駅
東北沢駅
新代田駅
下北沢駅
代々木八幡駅
山下駅
豪徳寺駅
経堂駅
千歳船橋駅
小田急線
祖師ヶ谷大蔵駅
成城学園前駅
喜多見駅
狛江駅
和泉多摩川
登戸駅
宿河原駅
中野島駅
南武線
生田駅
久地駅
津田山駅
二子玉川駅
二子新地駅
高津駅
溝の口駅
梶が谷駅
宮崎台駅
宮前平駅
東急田園都市線
鷺沼駅
たまプラーザ駅
あざみ野駅
江田駅へ
横浜青葉IC へ
都筑IC へ
東名川崎
京浜川崎
武蔵新城駅
武蔵中原駅
武蔵小杉駅
向河原駅
新丸子駅
元住吉駅
新横浜駅へ
新川崎駅へ
平間駅へ
東急東横線
東急目黒線
東急多摩川線
東急池上線
東急大井町線
尾山台駅
田園調布駅
多摩川駅
沼部駅
鵜の木駅
下丸子駅
武蔵新田駅
千鳥町駅
久我原駅
御嶽山駅
雪が谷大塚駅
石川台駅
洗足池駅
長原駅
北千束駅
洗足駅
奥沢駅
都立大学駅
学芸大学駅
祐天寺駅
中目黒駅
代官山駅
武蔵小山駅
西小山
東海道新幹線
横須賀線
中央自動車道
高速渋谷線
高速新宿線
高速中央環状線
高速中央環状品川線
東名高速道路
第三京浜
新青梅街道
青梅街道
早稲田通り
目白通り
井ノ頭通り
甲州街道
世田谷通り
玉川通り
駒沢通り
目黒通り
中原街道
厚木街道
環八通り
環七通り
山手通り
東京
玉川

⑪ 柴又 P68

⑩ 谷中・根津・千駄木 P62

⑧ 入谷・根岸・三ノ輪 P56

㉔ 白山・茗荷谷 P130

㉓ 湯島・本郷 P126

⑤ 東京スカイツリー®周辺 P40

⑦ 上野 P50

④ 浅草 P32

㉒ お茶の水・神田 P120

神楽坂 P150

① 九段 P116

⑥ 両国 P46

③ 日本橋 P26

② 皇居周辺 P20

⑨ 赤坂 P108

① 東京駅・丸の内 P14

⑭ 深川 P84

⑩ 永田町 P112

⑫ 銀座 P72

⑮ 汐留・新橋 P88

⑬ 築地・月島・佃島 P78

⑰ 東京タワー・芝公園 P98

泉岳寺・白金 P180

⑯ お台場 P92

㉟ 品川 P176

東　京　湾

0　　　1　　　2km

1:110,000

池袋
上野
新宿
新橋 東京駅
渋谷
品川

1

東京駅

・とうきょうえき・

丸の内

・まるのうち・

🔵 歩く時間 >>> 約**40**分　　　🔵 歩く距離 >>> 約**3**km

START

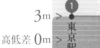

東京駅

> | JR
> 山手線
> 京浜東北線
> 中央線
> 総武線
> 地下鉄
> 丸の内線

徒歩すぐ

❶
東京駅

（所要60分）

徒歩1分

❷
JPタワー
「KITTE」

（所要60分）

徒歩3分

❸
行幸通り

（所要5分）

徒歩1分

6m
3m ❶ ❷
高低差 0m 東京駅

距離 >1

日本の変貌を見つめながら 東京駅は開業100年余り

おしゃれストリートの丸の内仲通りをそぞろ歩き

江戸時代は譜代大名の屋敷町で、明治期になると三菱の岩﨑彌之助が丸の内の払い下げを受けた後、レンガ造りの建物が次々と建設された東京駅・丸の内エリア。平成14年(2002)の丸ビル完成以降は再開発ラッシュが続き、平成24年(2012)年には東京駅丸の内駅舎が完成当時(大正3年(1914))の姿を取り戻した。駅構内にはグルメ&ショッピングも増え、大丸百貨店とも直結。電車利用だけの駅ではなく、観光スポットとしても人気が高い。再開発ビルは超高層化が図られる一方、低層部分にかつてのビルの外観や意匠を生かす工夫がされ、景観に落ち着きを与えている。並木が美しい丸の内仲通りには彫刻作品や、国内外のブランドブティック、モダンなカフェも多く、大人モダンな雰囲気が漂う。丸の内ビジネス街を横断しながら、商業ビルにも寄り道して散策を楽しみたい。

おさんぽアドバイス

ビル街を歩くルートだが、随所に花や木が配され、意外なほど気持ちのいい散策が楽しめる。ビジネス街のためビジネスマンやOLで賑わっているが、外国人を含む観光客の姿も多い。皇居の周辺を併せて歩くのもいい。

おすすめ季節 >>> 通年 🌸 🍃 🍁 ❄

④ 丸の内
仲通り

(所要15分)

≫ 徒歩1分

⑤ 三菱一号館
美術館

(所要60分)

≫ 徒歩5分

⑥ 明治生命館

(所要60分)

≫ 徒歩13分

⑦ 八重洲ミッド
タウン東京

(所要30分)

≫ 徒歩1分

GOAL
有楽町駅

JR
山手線
京浜東北線
中央線
総武線
地下鉄
丸の内線

④ ⑤ ⑥ ⑦ 東京駅

>2km

❶ 東京駅
とうきょうえき

丸の内駅舎がかつての姿に

　東京駅丸の内駅舎の設計は「辰野式フリークラシック」で有名な辰野金吾で、大正3年（1914）に完成。昭和20年（1945）の大空襲で外壁以外のほとんどを消失し、2階建（一部3階）に修復されていた。その後の平成24年（2012）、主要部分は可能な限り復原され、建築ファンを喜ばせている。

🏠千代田区丸の内1-9-1　🕐休料見学自由　MAP P17B2

駅の中のアート空間
東京ステーションギャラリー
とうきょうすてーしょんぎゃらりー

駅舎の中にあって、創建当時の構造レンガや鉄骨を生かした、展示室が特徴。近代芸術、デザインや写真などバラエティに富んだ企画展を開催する。

☎ 03-3212-2485
MAP P17B2

©Tokyo Tender Table

右）日中もいいが、ライトアップされる夜間も一見の価値がある
左）南北ドームの大時計は、アラビア数字からローマ数字に復原

歴史を学ぶ

東京駅ミニヒストリー

　明治22年（1889）、東海道への起点・新橋駅と東北方面への起点・上野駅を結ぶ高架線を建設し、中央停車場を設置することが決定された。新橋〜上野間は、日本初の高架鉄道となった。日本の近代化を担う首都東京の中央停車場は、大正3年（1914）12月に「東京駅」と名称を改め営業を開始。駅舎の設計は、日本銀行本店を手がけ日本建築界の第一人者となっていた辰野金吾で、レンガを主体とする建造物としては最大規模となる。日本の玄関駅として活躍する東京駅は、平成26年（2014）12月に満100歳を迎えた。

---

❷ ＪＰタワー「ＫＩＴＴＥ」
じぇーぴーたわー　きって

丸の内のランドマーク

　日本郵便が手がける商業施設。旧東京中央郵便局舎を一部保存・再生し、新たに高層階を建造。1〜5階まで吹き抜け構造で、フロアごとにデザインが異なる。7つのフロアに日本各地のグルメや雑貨など個性豊かな専門店が揃う。東京駅丸の内駅舎を望む屋上庭園「ＫＩＴＴＥガーデン」も人気がある。

☎03-3216-2811
（ＫＩＴＴＥインフォメーション／10:00〜19:00）
🏠千代田区丸の内2-7-2
🕐店舗により異なる　休1月1日、法定点検日　MAP P17B3

上）4階ではかつての郵便局長室が見学できる
左）6階にある屋上庭園「ＫＩＴＴＥガーデン」

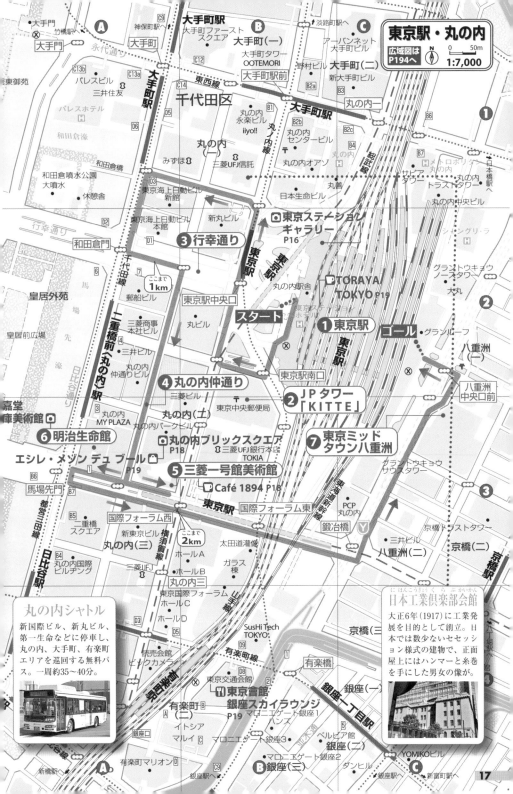

大手町駅

A
神保町駅へ
淡路町駅へ
B
大手町ファースト スクエア
C
アーバンネット 大手町ビル
大手町（一）
大手町
大手町タワー OOTEMORI
野村不 大手町ビル
B2a
大手町（二）
新大手町ビル
B3
大手町駅前

永代通り
C12
大手町駅
大手町駅
西線
大手町駅
丸の内一
丸の内線

竹橋駅へ
大手門
C13b
C13a
三井住友
C14
千代田区
丸の内永楽ビル iiyo!!
B1
丸の内（一）
丸ノ内線
丸の内センタービル
B2b
丸の内（一）
B2c
B4
B6
①

東御苑
パレスビル
千代田区
みずほ
三菱UFJ信託
丸の内オアゾ
丸の内
B7
メトロポリタン

パレスホテル
D6
D3
東京海上日動ビル 新館
丸の内（一）
日本生命ビル
丸善
サピア タワー
グラントウキョウ ノースタワー
日本橋駅へ

和田倉濠
和田倉橋
D2
新丸ビル
丸の内トラストタワー
シャングリ・ラ

和田倉噴水公園 大噴水
休憩舎
D1
東京海上日動ビル 本館
東京ステーション ギャラリー P16
TORAYA TOKYO P19
丸の内中央ビル
大丸
②

行幸通り
③ 行幸通り
東京駅
ここまで 1km
郵船ビル
東京駅丸の内駅舎
グラントウキョウ サウスタワー

皇居外苑
馬場先
三菱商事 本社ビル
東京駅中央口
東京ステーション
丸の内駅舎
スタート
① 東京駅
ゴール
グランルーフ
八重洲（一）

皇居前広場
日比谷通り
三井ビル
丸の内 仲通りビル
④ 丸の内仲通り
東京駅南口
東京駅
② JPタワー 「KITTE」
八重洲 中央口前
③

嘉堂庫美術館
二重橋前〈丸の内〉駅
三菱ビル
丸の内 MY PLAZA
丸の内（土）
東京中央郵便局
⑦ 東京ミッド タウン八重洲
グラントウキョウ サウスタワー

⑥ 明治生命館
エシレ・メゾン デュ ブール P19
丸の内パークビル
⑤ 三菱一号館美術館
丸の内ブリックスクエア P18
三菱UFJ銀行本店 TOKIA
東京駅
PCP 丸の内
京橋トラストタワー
京橋駅

馬場先門
B7
B6
国際フォーラム西
Café 1894 P18
東京駅
国際フォーラム東
鍛冶橋
八重洲（二）
三井ビル
京橋（二）

B5
新東京ビル
ここまで 2km
横須賀線
丸の内（三）
太田道灌像
ガラス 棟
八重洲（二）

日比谷駅
B4
丸の内国際 ビルヂング
二重橋 スクエア
三菱UFJ
ホールA
ホールB
丸の内三
東京国際フォーラム
SuSHi Tech TOKYO
有楽町線

ホールC
ホールD
京葉線
有楽町線
有楽橋

読売会館
ビックカメラ
東京交通会館
有楽橋

東京會舘
銀座スカイラウンジ P19
マロニエゲート銀座1
銀座（一）

有楽町
（二）
イトシア
マルイ
マロニエゲート銀座3
ビームス
銀座一丁目駅
ベルビア館
銀座（二）

有楽町駅へ
有楽町マリオン
C9
B
銀座（三）
マロニエゲート銀座2
ダンヒル
YOMIKO ビル
新富町駅へ
C

新橋駅へ
銀座駅へ
銀座駅へ

東京の都木イチョウの並木。秋は歩道が金色に染まる

❹ 丸の内仲通り
まるのうちなかどおり

セレブ感漂うおしゃれストリート

晴海通りから永代通りまで、日比谷通りと並行して延びる通り。両側には街路樹が整備され、丸の内ストリートギャラリーと題したアート作品も展示。沿道には丸ビル、新丸ビルなどの大規模複合施設などが並ぶ。

🕐休料 散策自由　MAP P17B1〜A3

❸ 行幸通り
ぎょうこうどおり

東京駅と皇居を結ぶ歩道

東京の表玄関・東京駅の中央口と日本の象徴・皇居の和田倉門を結ぶ歩道。イチョウの並木が配された中央部分は4列の並木が続くが、皇室関連の行事や外国大使の信任状捧呈式などに使われる馬車道でもある。

🕐休料 散策自由　MAP P17A〜B2

ジム・ダイン《展望台》1990年
上)彫刻作品めぐりも楽しみの一つ
左)晴天時は遊歩道にカフェテーブルが並ぶ

❺ 三菱一号館美術館
みつびしいちごうかんびじゅつかん

明治期の名建築がアート空間に

建物は、明治27年(1894)に英国人建築家ジョサイア・コンドルが設計した丸の内初のオフィスビルの復元。館内では19世紀後半〜20世紀前半の近代美術を主題とする企画展を年3回開催。併設のノスタルジックなカフェ・バー「Café 1894」は、TVドラマにもよく登場。

☎050-5541-8600(ハローダイヤル)　🏠千代田区丸の内2-6-2　🕐10:00〜18:00(夜間開館はHP参照。入館は閉館30分前まで)　休月曜(祝日、振替え休日、会期最終週の場合は開館)　料展覧会により異なる　MAP P17A3

ビジネス街でひときわ目立つ美しいレンガ造り

和みのオアシス

丸の内ブリックスクエア
まるのうちぶりっくすくえあ

丸の内パークビルディングや一号館広場など一帯の商業ゾーン。緑や季節の花々にあふれ、ベンチやカフェでひと休みできる。
MAP P17A3

クラシックな趣の「Café 1894」

❻ 明治生命館
めいじせいめいかん

昭和初期オフィスビルの最高峰

昭和9年（1934）竣工。戦後はGHQに接収された歴史がある。昭和初期の建造物として初の国指定重要文化財で、会議室・応接室などを一般公開。明治生命館の歴史や建築の魅力を解説した音声ガイドを無料で利用可能。

☎03-3283-9252（明治安田ビルマネジメント丸の内センター）　🕐9:30〜19:00（最終入場18:30）　🚫年末年始、設備点検日　💴入館無料
🗾P17A3

建物を特徴づけているコリント式柱。真下から見上げるとかなりの迫力

❼ 東京ミッドタウン八重洲
とうきょうみっどたうんやえす

八重洲の新ランドマーク

八重洲地下街と直結する大規模商業施設。飲食店やショップが並ぶ商業ゾーンのほか、地下2階にはバスターミナル、40〜45階には日本初となるブルガリ ホテル東京が備わるなど多彩な面を持つ。ショップには日本発ブランドが多いのも特徴的だ。

☎03-6225-2234（東京ミッドタウン八重洲コールセンター）　📍中央区八重洲2-2-1　🕐施設により異なる　🚫無休　🗾P17C3

ビル入口にはパブリックアートもある

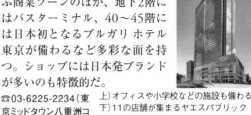

上）オフィスや小学校などの施設も備わる
下）11の店舗が集まるヤエスパブリック

©野田 孝

おさんぽの途中に！ 立ち寄りグルメ＆ショップ

🍴 東京會舘 銀座スカイラウンジ
とうきょうかいかん ぎんざすかいらうんじ

景観とともに老舗フレンチを

大正時代に創業した東京會舘の伝統を引き継いだフレンチを提供。大きな窓から望む丸の内や銀座方面の景色も魅力。"東京會舘とわたし"コース7590円〜など。

☎050-3187-8713　📍千代田区有楽町2-10-1 東京交通会館15階　🕐ランチ11:30〜14:00、ティータイム14:00〜16:30、ディナー17:00〜21:30　🚫無休　🗾P17B4

🛍 TORAYA TOKYO
とらや とうきょう

老舗によるショップ＆カフェ

虎屋グループの各ブランドのスペシャリテを集めた店。東京丸の内駅舎を描いた限定パッケージの小型羊羹5本入り1782円（写真）はみやげにおすすめ。

☎03-5220-2345　📍千代田区丸の内1-9-1 東京ステーションホテル2階　🕐10:00〜21:00（20:30LO。土・日曜、祝日は〜17:30LO）　🚫無休　🗾P17B2

🛍 エシレ・メゾン デュ ブール
えしれ・めぞん でゅ ぶーる

世界初のエシレ バター専門店

フランス産A.O.P.認定発酵バター・エシレの販売のほか、エシレ バターを使ったパンやケーキ、焼き菓子などが並ぶ。店内で焼き上げるフィナンシェ、マドレーヌ（写真）は1個（各367円）から購入可。

☎非公開　📍千代田区丸の内2-6-1丸の内ブリックスクエア1階　🕐10:00〜19:00　🚫不定休　🗾P17A3

池袋　上野　皇居周辺　★　東京　新宿　新橋　渋谷　品川

コース **2**

皇居周辺
・こうきょしゅうへん・

🟢 **歩く時間** >>>約**2時間**　　🟢 **歩く距離** >>>約**6.5km**

START
大手町駅

地下鉄
丸ノ内線
東西線
千代田線
半蔵門線
三田線

≫ 徒歩3分

❶ 皇居東御苑

（所要40分）

≫ 徒歩5分

❷ 和田倉噴水公園

（所要10分）

≫ 徒歩5分

❸ 皇居前広場

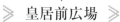

（所要15分）

徒歩すぐ

20m > 大手町駅
10m >
高低差 0m >

❶

距離 > **1**km　　> **2**km　　> **3**k

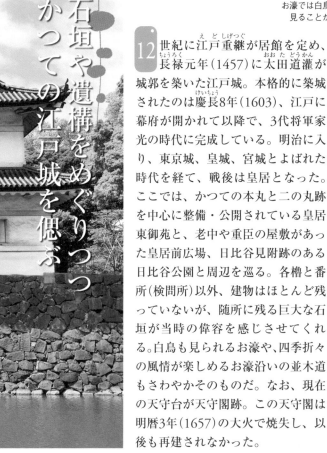

石垣や遺構をめぐりつつ
かつての江戸城を偲ぶ

お濠では白鳥の姿も
見ることができる

12 世紀に江戸重継が居館を定め、長禄元年（1457）に太田道灌が城郭を築いた江戸城。本格的に築城されたのは慶長8年（1603）、江戸に幕府が開かれて以降で、3代将軍家光の時代に完成している。明治に入り、東京城、皇城、宮城とよばれた時代を経て、戦後は皇居となった。ここでは、かつての本丸と二の丸跡を中心に整備・公開されている皇居東御苑と、老中や重臣の屋敷があった皇居前広場、日比谷見附跡のある日比谷公園と周辺を巡る。各櫓と番所（検問所）以外、建物はほとんど残っていないが、随所に残る巨大な石垣が当時の偉容を感じさせてくれる。白鳥も見られるお濠や、四季折々の風情が楽しめるお濠沿いの並木道もさわやかそのものだ。なお、現在の天守台が天守閣跡。この天守閣は明暦3年（1657）の大火で焼失し、以後も再建されなかった。

おさんぽアドバイス

長丁場のルートなので皇居東御苑内の休憩所や皇居前広場のベンチなどで適宜小休止しながらのんびり巡りたい。時間があればお濠端の散策も楽しもう。日曜10:00〜16:00は、内堀通りの一部がサイクリングコースとなる。

● おすすめ季節 >>> 春🌸（3〜4月）

④ 二重橋	徒歩8分	⑤ 楠木正成像	徒歩7分	⑥ 桜田門	徒歩7分	⑦ 日比谷公園	徒歩すぐ	**GOAL** 日比谷駅

（所要5分）		（所要5分）		（所要5分）		（所要30分）		

地下鉄
日比谷線
千代田線
三田線

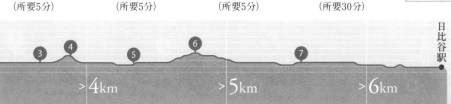

③　④　　⑤　　⑥　　　　　　⑦　　　　　日比谷駅

>4km　　　　>5km　　　　>6km

皇居周辺

広域図は P194へ

N 0 —— 100m
1:10,000

竹橋駅

辰巳(巽)櫓

南東(辰巳)の方角にあることからの名称。正式には桜田二重櫓。富士見櫓、伏見櫓とともに貴重な旧江戸城の遺構だ。

① 皇居東御苑
P184・185

② 和田倉噴水公園

③ 皇居前広場

④ 二重橋

⑤ 楠木正成像

⑥ 桜田門

⑦ 日比谷公園
P184

スタート

ゴール

ここまで 1km
ここまで 2km
ここまで 3km
ここまで 4km
ここまで 5km
ここまで 6km

楠木茶房 P25

楠公レストハウス P25

Beer Terrace 1949
HIBIYASAROH
P25

将門塚 P23

千代田区

大手町駅

大手町

大手門

東京駅

東京駅中央口

東京駅

有楽町駅

日比谷駅

霞ケ関駅

桜田門駅

❶ 皇居東御苑
こうきょひがしぎょえん

江戸城の一部を公開

旧江戸城の本丸と二の丸跡を中心に整備。広大な苑内には皇室所蔵の美術品を無料で観賞できる三の丸尚蔵館、同心番所、百人番所、回遊式庭園の二の丸庭園、天守台などのみどころが点在。このほか、石垣をはじめとした遺構も残る。

古図に合わせて忠実に再現された二の丸庭園

大手門はかつての江戸城正門

☎03-3213-1111　🏠千代田区千代田1-1
🕐9:00～18:00（11～2月は～16:00、その他季節により異なる。入園は30分前まで）　休月・金曜（天皇誕生日以外の祝日は開園※月曜が祝日の場合は翌日代休）　料無料　MAP P22A～B1

天守閣跡の天守台には高さ約10mの石垣が残る

❷ 和田倉噴水公園
わだくらふんすいこうえん

植栽やベンチも設けられている

噴水や流水で水景を表した公園。昭和36年（1961）に天皇陛下のご成婚を祝い造られた。高さ5.5mからナイアガラの滝のように流れ落ちた流水が、せせらぎを経て、3基の噴水がある大噴水池に流れ込むデザインだ。

☎03-3213-0095（環境省皇居外苑管理事務所）
🏠千代田区皇居外苑3-1　🕐休料入園自由　MAP P22B2

大噴水は夕方以降ライトアップされる
©皇居外苑管理事務所

水景が美しくデザインされている

歴史を学ぶ

◎ 将門塚は関東武士の自治のシンボル

平安時代、関東に自治つとされ、戦後に何政権を樹立し、朝廷の度か移転が試みられ追討軍に逆賊としたが、その都度事故討たれた平将門。こが相次ぐなどの異変のとき京都にさらさが起こり断念したとれた首が風に乗ってか。今もビルの谷間飛び、力尽きて落ちにひっそりとある。たといわれる。現なお、ここは江戸時在の将門塚の地点代には大名・酒井家だ。都内を代表するの屋敷だった。パワースポットの一

MAP P22C1

今もたむけられる花が絶えない

❸ 皇居前広場
こうきょまえひろば

玉砂利と松の対比が美しい

馬場先濠から皇居正門のある二重橋濠までの一帯。江戸城築城の際に日比谷の入江を埋め立てて造成した地で、江戸時代には松平氏をはじめ、有力大名の屋敷が立ち並び、「西の丸下」とよばれていた。

☎03-3213-0095（環境省皇居外苑管理事務所）
🏠千代田区皇居外苑1-1
⏰休料入苑自由
MAP P22B3

芝生に約2000本のクロマツが点在する

内堀通りを渡ると正面に二重橋が見えてくる

お濠の水、伏見櫓、周囲の緑が美しく調和

皇居一般参観もある

案内者の解説付きで見学できる皇居一般参観は10:00〜と13:30〜で所要約1時間15分。日・月曜及び土曜以外の祝休日は休止。参加無料。事前申請のほか当日受付（先着順）もある。詳細は宮内庁HPを参照するか宮内庁参観係☎03-5223-8071へ問合せを。

❹ 二重橋
にじゅうばし

絶好の記念写真スポット

江戸城の西の丸大手門だった現在の皇居正門にかかる正門石橋。その奥には「二重橋」こと正門鉄橋が架かる。一般にはこの2つを併せて二重橋とよんでいる。奥に見えるのは、高さ約16mの三重の櫓「伏見櫓」。

☎03-3213-0095（環境省皇居外苑管理事務所）
🏠千代田区皇居外苑1-1
⏰休料見学自由
MAP P22A3

❺ 楠木正成像
くすのきまさしげぞう

青空を背景に騎馬像が立つ

楠公像ともよばれる騎馬像。明治33年（1900）の建造で、別子銅山200年を記念し、住友家が献納した。建武の新政の時代に後醍醐天皇を補佐して活躍した武将・楠木正成の像で、正成の顔は高村光雲、馬は後藤貞行の作。

☎03-3213-0095（環境省皇居外苑管理事務所）
🏠千代田区皇居外苑1-1
⏰休料見学自由
MAP P22B3

関東大震災で破損し改修されている

力強い造形がひときわ印象的だ

❻ 桜田門
さくらだもん

国指定重要文化財の重厚な門

霞が関方面からの皇居前広場の入口。寛永13年（1636）の修築で、第1の門と第2の門の間に桝形（四角形）の広場がある「桝形城門」。万延元年（1860）、大老井伊直弼が登城の途中に殺害された桜田門外の変でも知られる。

☎03-3213-0095（環境省皇居外苑管理事務所）
🏠千代田区皇居外苑1-1
⏰休料見学自由
MAP P22A3

❼ 日比谷公園
ひびやこうえん

季節の花と緑がすがすがしい

　大噴水、深い林や洋風花壇、日本庭園などが配置された都市公園。幕末までは松平肥後守らの屋敷地で、明治36年（1903）、日本初の近代的な洋風公園として整備された。園内には、首かけイチョウやヤップ島の石貨などが点在。

☎03-3501-6428
🏠千代田区日比谷公園1-6
🕐休料入園自由
MAP P22B4

旧日比谷公園事務所の建物は現在、結婚式場として活用されている

江戸時代の日比谷見附の名残もある

第二花壇の南側にあるソーラー時計は十字の部分に埋め込まれたソーラーパネルで動いている

観光クローズアップ

◎ 日比谷松本楼
ひびやまつもとろう

日比谷公園の開園と同時に創業した洋食店

明治末期〜大正初期は北原白秋らのパンの会が開かれるなど、時代の息吹を常に吸収しながら歩んできた洋食店。学生運動が激しかった昭和46年（1971）には暴動学生の放火で全焼。新生松本楼の開業以降は毎年9月25日にカレーライスを創業年数と同じ金額以上とし、収益を寄付する「チャリティーカレー」を開催。

☎03-3503-1452　🏠千代田区日比谷公園1-2　🕐グリル11:00〜21:00　休無休　MAP P22A4

ハイカラビーフカレー1350円はマイルドな風味

おさんぽの途中に！　立ち寄りグルメ＆ショップ

🍺 Beer Terrace 1949 HIBIYASAROH
びあ てらす 1949 ひびやさろー

心地よい風を感じてひと休み

花と緑に囲まれたビアテラス。おすすめの東京サローライスは平日ランチで900円〜。樽生ビール690円〜。

☎03-3591-2411
🏠千代田区日比谷公園1-1
🕐11:30〜日没（季節や曜日で〜21:30もあり、ランチは〜14:00）
休月曜（祝休日、荒天日は要問合せ）
MAP P22B4

🍴 楠公レストハウス
なんこうれすとはうす

おすすめは江戸エコ行楽重

ランチは一汁三菜がモチーフのメニュー1100円〜が揃い、すべてドリンク付き。人気は菊の模様入り箸がもらえる江戸エコ行楽重（参の重）2200円（2日前までに要予約／写真）。

☎03-3231-0878　🏠千代田区皇居外苑1 1　🕐8:30〜17:00（ランチは11:00〜14:00。季節により変動あり）　休無休　MAP P22B3

🛍 楠木茶房
くすのきさぼう

散策中の休憩にぴったり

楠木正成像の横にある売店。北海道バニラと特選宇治抹茶ソフトが各600円、金箔1枚をぜいたくに使用した金箔ソフト（写真）が1000円と、プレミアムなソフトが揃うのでぜひ購入し、近くのベンチで休憩しよう。

☎なし
🏠千代田区皇居外苑1-1皇居前広場楠木正成像前
🕐9:00〜16:00
休無休
MAP P22B3

日本の中心として栄えた街の新旧にふれる

日本橋
・にほんばし・

コース **3**

◉ 歩く時間 >>>
約**50**分

◉ 歩く距離 >>>
約**3**km

◉ おすすめ季節 >>>
通年 🌸🌿🍁❄️

江 戸時代、日本橋の近く
に大店が軒を連ね、商
業の中心地として賑わった
このエリア。現在も老舗や
有名百貨店が本店を構え、
史跡なども残り当時の様子
を想起させる。再開発で誕
生したコレド室町などモダ
ンな複合施設も多く、今な
お活気ある街を歩いている
と、新旧入り混じった街の
魅力を感じることができる。

〔 おさんぽアドバイス 〕

ビルが並ぶビジネス街のため、
歩道完備で歩きやすい。日本銀
行本店本館は見学の予約が必要
なので注意を。

START 三越前駅		❶ 日本橋	❷ 日本銀行本店本館	❸ コレド室町	❹ 東京証券取引所	❺ アーティゾン美術館	GOAL 京橋駅
地下鉄 半蔵門線 銀座線			出典：日本銀行HPより				地下鉄 銀座線
	徒歩1分	(所要5分) 徒歩5分	(所要60分) 徒歩10分	(所要60分) 徒歩10分	(所要30分) 徒歩15分	(所要60分) 徒歩3分	

15m >
5m >
高低差 0m >

三越前駅　❶　❷　❸　❹　❺　京橋駅

距離 > 1km　> 2km　> 3km

26

福徳神社

ビル街の中に立つ朱塗りの鳥居は、1100年以上前から日本橋室町エリアの稲荷として親しまれてきた福徳神社（芽吹稲荷）。

兜神社

境内に源義家ゆかりの兜岩があるのが名前の由来とされる。平将門を討った俵藤太が将門の兜を埋めたという伝説も残る。

「日本橋魚市場発祥の地」の碑

徳川家康が摂津国から移ってきた漁民をここに住まわせ、漁をさせたことに始まる日本橋の魚河岸。現在は石碑のみ残る。

27

❶ 日本橋
にほんばし

主要国道の始点の橋

日本橋川に架かる中央通りの橋。江戸時代、東海道、中山道、甲州道中(街道)、日光道中(街道)、奥州道中(街道)の五街道の起点に定められたところ。橋の四隅の親柱には獅子、中央には麒麟のオブジェが飾られている。

日本橋の中央には日本国道路元標が埋め込まれている。写真は、たもとにあるレプリカ

🏛中央区日本橋1-1
🕐休 通行自由
MAP P27B2

日本橋の両端には、東京市の紋章を掲げる獅子像が鎮座する

上空から見ると「円」の形に見える

❷ 日本銀行本店本館
にっぽんぎんこうほんてんほんかん

わが国唯一の中央銀行

日本銀行本店本館は日本人建築家による最初の国家的近代建築で、欧米の銀行建築を学んだ辰野金吾により造られた。見学ツアーはWEBによる事前予約制で本館(地下金庫、旧営業場、展示室)が見学できる。

☎03-3277-2815(見学担当) 🏛中央区日本橋本石町2-1-1 🕐詳細は公式HP参照 休土・日曜、祝日、年末年始 💴見学無料 MAP P27A2

📚 歴史を学ぶ

歴史的建造物の
日本橋2大百貨店

呉服店「越後屋」として延宝元年(1673)に創業した日本橋三越本店(MAP P27B2)の本館は、国の重要文化財。ルネッサンス式建築で、5層吹抜の中央ホールの巨大な天女像は必見。一方、重厚な西欧建築様式に和風建築の意匠が随所に見られる日本橋髙島屋(MAP P27B3)も、国の重要文化財に指定されている。

日本橋三越本店本館正面のライオン像

❸ コレド室町
これどむろまち

日本橋のシンボル的施設

4つの棟からなる複合施設。日本橋の老舗や人気店の新業態店舗、ライフスタイルがテーマのショップ、飲食店、シネコンなど注目店が目白押し。また、多目的ホール・日本橋三井ホールや室町三井ホール＆カンファレンスもある。

☎🕐休店舗により異なる
MAP P27B2
コレド室町テラス:
🏛中央区日本橋室町3-2-1
コレド室町1:
🏛中央区日本橋室町2-1-1
コレド室町2:
🏛中央区日本橋室町2-3-1
コレド室町3:
🏛中央区日本橋室町1-5-5

上)文化を発信する「コレド室町テラス」左)ものづくりにこだわるショップが多い

④ 東京証券取引所
とうきょうしょうけんとりひきじょ

証券取引のダイナミズム

年間6万人以上が訪れる日本最大の証券取引所。時々刻々と変わる株式市場の動きが感じられるマーケットセンターや株式投資の体験施設に加え、明治時代の貴重な文献などを間近で見られる証券史料ホールもある。

☎050-3377-7254（見学担当）
🏠中央区日本橋兜町2-1
🕐9:00〜16:30（入館は〜16:00）
🈺土・日曜、祝日
💴見学無料
MAP P27C3

23階建ての「ミュージアムタワー京橋」の1〜6階に入る

テレビにもよく登場するマーケットセンター

⑤ アーティゾン美術館
あーてぃぞんびじゅつかん

「創造の体感」がコンセプト

ブリヂストン美術館を前身として2020年に開館。古代から現代アートまで幅広い年代の作品約3000点を所蔵する。印象派の巨匠・ルノワール、20世紀美術のピカソ、日本近代画家・黒田清輝、藤田嗣治など名だたる作品から展覧会を実施している。

☎050-5541-8600（ハローダイヤル）
🏠中央区京橋1-7-2
🕐10:00〜18:00（祝日を除く金曜は〜20:00）
🈺月曜（祝日の場合は翌平日休館）、展示替えのための休館あり
💴展覧会により異なる
MAP P27A4

おさんぽの途中に！ 立ち寄りグルメ＆ショップ

🍵 日本橋だし場 はなれ
にほんばしだしばー はなれ

にんべんの和ダイニング

鰹節専門店のにんべんがプロデュース。伝統的なダシの旨みと、新たなダシの魅力を料理で表現した店。おすすめの季節だし炊き込み御膳2420円（ランチ）は数量限定。

☎なし　🏠コレド室町2-1階　🕐11:00〜20:00フードLO（土・日曜、祝日は11:00〜14:00、14:30〜16:30、17:00〜20:00フードLO）　🈺コレド室町2に準じる　MAP P27B2

☕ 鶴屋吉信 TOKYO MISE
つるやよしのぶ とうきょうみせ

洗練されたカフェメニュー

享和3年（1803）創業の京都の和菓子店。生菓子とお抹茶1430円（写真）などが人気の茶房や、目の前で生菓子を作ってくれる菓遊茶屋も併設。

☎03-3243-0551　🏠コレド室町3-1階　🕐11:00〜20:00（土・日曜、祝日は10:00〜。茶房は〜19:30LO、菓遊茶屋・一部物販は〜18:00）　🈺1月1日　MAP P27B2

🏠 文明堂日本橋本店
ぶんめいどうにほんばしほんてん

明治期創業のカステラの老舗

看板商品の特撰五三カステラは100年以上受け継がれる伝統の技を駆使し人の手で作られる。1B号（桐）3564円など。

☎03-3241-0002　🏠中央区日本橋室町1-13-7　🕐10:00〜18:00（土・日曜、祝日は11:00〜）、CAFEは11:30〜21:00（土曜は〜20:00。日曜、祝日は〜18:30）　🈺不定休　MAP P27B2

日本橋

日本橋 周辺の老舗

徳川時代から昭和初期まで、高貴な方々や庶民までを魅了した老舗の味と技。
御用商人の街・日本橋では、一度は訪れてみたい有名店をはしごしてみよう。

☕ 千疋屋総本店フルーツパーラー
せんびきやそうほんてんふるーつぱーらー

"水菓の千疋屋"でカフェタイム
豪華なフルーツパフェに舌鼓

江戸時代から続く高級果物専門店。1階がフルーツショップで、2階のパーラーではフルーツ主体のアフタヌーンティーセット5500円やミニデザート付きのマンゴーカレー1925円などを提供。

☎ 03-3241-1630　⊕ 中央区日本橋室町2-1-2 日本橋三井タワー2階　⊕ 11:00～20:30LO　㊡ 不定休
🄼🄰🄿 P27B2

【天保5年(1834)創業】パフェの王道、千疋屋スペシャルパフェ3080円

🍽 日本橋吉野鮨本店
にほんばしよしのずしほんてん

かつて魚河岸があった日本橋でぜひ食べたい老舗の江戸前寿司

仕入れるネタには秘伝の煮切り醤油を塗り、穴子を煮る時間や調味料のバランスなど細部に気を配るなど、下ごしらえにもこだわりをもつ。にぎり1人前昼2750円～、夜1万5000円～。

☎ 03-3274-3001　⊕ 中央区日本橋3-8-11　⊕ 11:00～14:00,16:30～21:30(土曜は昼営業)　㊡ 日曜、祝日
🄼🄰🄿 P27B3

【明治12年(1879)創業】薄焼きの玉子をふんわりと握るのも特徴の一つ

🍽 三代目 たいめいけん
さんだいめ たいめいけん

日本橋名物ともいえる
たいめいけんのオムライス

1階は庶民的なレストランで2階は格式あるダイニングになっている。三代目の茂出木浩司シェフによるこだわりの洋食が味わえる。2026年移転予定。

☎ 03-3271-2463(1階)／03-3271-2464(2階)　⊕ 中央区日本橋室町1-8-6　⊕ 11:00～21:00(日曜、祝日は～20:00。2階は11:00～15:00、17:00～21:00)　㊡ 月曜(2階のみ月・日曜、祝日)　🄼🄰🄿 P27B2

【昭和6年(1931)創業】ハムライスを卵で包んだオムライス1900円

🏠 榮太樓總本鋪 日本橋本店
えいたろうそうほんぽ にほんばしほんてん

日本橋みやげにうってつけ
江戸時代から変わらぬ製法

江戸菓子の伝統を受け継ぐ、日本を代表する和菓子の老舗。初代が創製した榮太樓飴缶入540円や日本橋本店限定の甘名納糖972円、丸型の金鍔江戸から変わらない人気商品。

☎ 03-3271-7785
⊕ 中央区日本橋1-2-5
⊕ 10:30～18:00　㊡ 日曜、祝日
🄼🄰🄿 P27B2

【文政元年(1818)創業】小麦の薄皮で包んで焼いた名代金鍔1個270円

🏠 大和屋
やまとや

専門店が厳選したかつお節
料理やご飯のお供に大活躍

今や貴重な本枯鰹節(鹿児島産)などの本格的なかつお節をはじめ、家庭でも重宝するかつおだしパック5個入950円など、ありとあらゆるかつお節製品が並ぶかつおぶし専門店。

☎ 03-3241-6551
⊕ 中央区日本橋室町1-5-1
⊕ 11:00～17:00
㊡ 水・日曜、祝日　🄼🄰🄿 P27B2

【江戸末期創業】ごはんにかけるかつおぶし550円なども大人気

🏠 有便堂
ゆうべんどう

知る人ぞ知る書画材料専門店
日本古来の雅な絵具にうっとり

風呂敷外商から始まり、日本橋に店を構えたのは昭和21年(1946)。400種類の色鮮やかな岩絵具や、画彩を求め、名だたる画師が訪れる。日本橋が描かれた便箋セット1760円など。

☎ 03-3241-6504
⊕ 中央区日本橋室町1-6-6
⊕ 10:00～18:00
㊡ 土・日曜、祝日　🄼🄰🄿 P27B2

【大正元年(1912)創業】書画用品以外に、四季折々の和雑貨なども

東京に「七福神めぐり」のコースは多いが、ここは、日本一短いとされるコースで、のんびり散策するのに格好のエリア。すべて神社で構成されているのが特徴で全7社。いずれも人形町駅を囲むように鎮座しているので、1時間ほどで回ることができる。

人形町で「日本橋七福神」めぐり

日本橋から東へ足をのばすと人形町エリア。
東京を代表する七福神コースの一つがあることでも知られる。

START & GOAL
地下鉄
日比谷線・浅草線
人形町駅

① 水天宮
すいてんぐう
〈弁財天〉

安産、子授け、徐災招福の御神徳があると信仰を集める。境内の寶生辨財天は学業、芸能、金運上昇のパワースポットとしても有名。

② 松島神社（大鳥神社）
まつしまじんじゃ（おおとりじんじゃ）
〈大国神〉

豊穣の神として広く親しまれている大国神が祭神。11月の酉の日には賑やかに酉の市が開かれる。

③ 末廣神社
すえひろじんじゃ
〈毘沙門天〉

江戸初期の花街「吉原」にあった元元葭原総鎮守。財運・勝運・災除けの神、毘沙門天を祀る。

④ 笠間稲荷神社
かさまいなりじんじゃ
〈寿老神〉

安政6年（1859）、常陸笠間稲荷神社の御分霊を祀ったことに始まる。五穀をはじめ水産、殖産の守護神。

⑤ 椙森神社
すぎのもりじんじゃ
〈恵比寿神〉

約1000年前の創建とされ、田原藤太秀郷の平将門の討伐祈願や、太田道灌の雨乞い祈願などの記録も残る。

⑥ 小網神社
こあみじんじゃ
〈福禄寿・弁財天〉

文正元年（1466）創建。木造檜造りで彫刻が施された社殿と神楽殿は中央区の文化財に指定されている。

⑦ 茶ノ木神社
ちゃのきじんじゃ
〈布袋尊〉

かつて社の周りに茶の木が生い茂っていたことが名前の由来。火伏せの神としても信仰されている。

人形町
広域図は P194へ
1:17,000

コース **4**

浅草

あさくさ

● 歩く時間 >>> 約30分　　　**● 歩く距離 >>> 約2.2km**

START

浅草駅　≫　**❶ 雷門**　≫　**❷ 仲見世通り**　≫　**❸ 浅草寺**　≫

東武スカイツリー
ライン
地下鉄
銀座線
浅草線

徒歩2分

徒歩すぐ

徒歩5分

徒歩1分

（所要10分）

（所要30分）

（所要30分）

20m >

10m > 浅草駅

高低差 0m >

距離 > 1

吾妻橋からは東京スカイツリーと
アサヒビール本社ビルが見える

いつもお祭り気分が漂う下町一賑やかな街

江戸時代から昭和の中ごろまで、娯楽の中心地として賑わいをみせた浅草。現在でも江戸の風情を色濃く残す街として、国内外から年間に3000万人近くが訪れている。浅草に来たら、まずは浅草最大の名所である浅草寺を参拝しよう。人力車の呼び込みや記念撮影をする人で混み合う雷門をくぐり、道の両側に店が立ち並ぶ仲見世通りを抜けると、巨大な宝蔵門が現れる。参拝後は、古きよき浅草の面影を探しに浅草寺の西側エリアに足を延ばそう。かつてエンターテインメントの発信地として栄えた浅草六区には今でも寄席や演芸場が残り、公演を宣伝するチンドン屋が姿を見せ、週末には大道芸が行われる。また、日本最古の遊園地などのエンタメ施設も点在する。江戸時代からののれんを掲げる老舗も多いので、伝統の味にあれこれとふれてみるのもおすすめだ。

おさんぽアドバイス

アップダウンはほとんどないルートなので歩きやすいが、観光客が多く、特に週末や祝日は、午前中から混み合う。昼食どきには行列ができる飲食店も多い。帰りはつくばエクスプレスの浅草駅を利用するのも手。

● おすすめ季節 >>> 春❀(3~5月)　夏🌿(7~8月)

④ 浅草神社		⑤ 浅草花やしき		⑥ 浅草演芸ホール		⑦ 浅草文化観光センター		**GOAL** 浅草駅

④ 浅草神社 ≫ 徒歩5分 ⑤ 浅草花やしき ≫ 徒歩3分 ⑥ 浅草演芸ホール ≫ 徒歩8分 ⑦ 浅草文化観光センター ≫ 徒歩すぐ **GOAL** 浅草駅

（所要10分）　（所要60分）　（所要60分）　（所要20分）

東武スカイツリーライン
地下鉄
銀座線
浅草線

⑥　⑦

浅草駅

>2km

浅草

広域図は
P195へ

N 0 50m
1:6,500

南千住駅へ

西浅草三

つくばエクスプレス

言問通り

浅草(四) B

曙湯

浅草三

富士公園

富士小 C
朝日信金

台東区

北部区民事務所

馬道通り

浅草(六)

浅草六

1 寿仙院

万隆寺

西浅草
(三)

ライフ S

浅草
ビューホテル

日輪寺

感応稲荷

2

浅草駅

西浅草
(二)

江戸たいとう
伝統工芸館

雷5656会館

浅草観音堂裏

浅草寺病院

5 浅草花やしき

ここまで
1km

ウインズ浅草

オーケー

ロック座

ドン・キホーテ

リッチモンドホテル浅草

浅草今半 国際通り本店
P38

木馬館

浅草公園

五重塔

浅草(二)

影向堂

薬師堂

3 浅草寺

宝蔵門

荒神堂

羽子板市 P187

四万六千日ほおずき市 P187

三社祭 P186

4 浅草神社
(三社さま)

花川戸(二)

二天門前

二天門

産業貿易センター
台東館

花川戸公園

馬道

言問橋

東武スカイツリーライン

とうきょうスカイツリー駅へ

3

ROX前

ROX

ROX3G

ROX
DOME

チーズ

A1

A2

江戸趣味小玩具 仲見世 助六
P35

浅草電気館ビル

伝法院

伝法院庭園

浅草六区通り P36

中清

やげん堀

浅草
公会堂

大黒家
(別館)

新仲見世

舟和

弁天堂

ハトのマークの木村家人形焼本舗
P35

浅草小

花川戸(一)

辨天山美家古寿司
P38

浅草二

2 仲見世通り

新仲通り入口

浅草駅

台東区立
隅田公園
P184

東武スカイツリーライン

6 浅草演芸ホール

尾張屋
P38

浅草一

大黒家 P38

浅草梅園
P37

荒井文扇堂 P35

浅草
(一)

川松

1 雷門

雷門

松屋
EKIMISE

ローゼン
EXPRESS浅草

神谷バー P37

吾妻橋

浅草駅ビル

ここまで
2km

ザ・ゲートホテル雷門
by HULIC

三井住友

7 浅草文化観光センター

ゴール スタート

浅草駅

東京都観光汽船
浅草ステーション

伝法院通り

江戸情緒を感じられるように整備され、火の見櫓や地口行灯、「白波五人男」や「鼠小僧」の人形などが点在している。

秋葉原駅へ

雷門一

雷通り

寿四

上野駅へ

寿

銀座線

浅草雷門 亀十 P37

雷門(二)

北陸

A4

北陸

雷門 うなぎ 色川
P38

あいおい損保

A3

駒形堂

駒形

台東区立隅田公園

隅田川沿いの公園。川辺からは、東京スカイツリー®がアサヒビール本社ビルに映りこむ「ダブルツリー」が見られる。

神社七

吾妻橋
(一)

4

寿(四)

黒船神社

駒形どぜう P38

浅草消防署前

浅草消防署

駒形(一)

A1

駒形橋西詰

駒形(二)

隅田川花火大会 P187

駒形二

A2

B

遍照院

本久寺

C

見逃しやすいが、提灯の下には、見事な龍の彫刻が施されている

① 雷門
かみなりもん

巨大な提灯が下がる浅草の顔

浅草だけではなく、日本を象徴するランドマークとして海外にも知られる浅草寺の山門。正式名称は「風雷神門」といい、正面に向かって右に風神像、左に雷神像を安置。慶応元年(1865)の大火で焼失後、昭和35年(1960)に松下幸之助の寄進により再建された。

☎03-3842-0181(浅草寺) 🏠台東区浅草2-3-1
⏰休料通行自由 🗺P34B3

様式は切妻造り八脚門
提灯は高さ3.9m、重さ700kg

② 仲見世通り
なかみせどおり

雷門の先に延びる浅草寺の参道

元禄～享保時代(1688～1736)に誕生したといわれ、雷門から宝蔵門手前まで、約250mに数多くの店舗が並ぶ。電飾看板の統一、電線の地中化などを行い、情緒ある町並みを再現。
🏠台東区浅草 ⏰休料散策自由 🗺P34B3

週末にもなると観光客から地元の人まで、多くの人で賑わう

名物店が並ぶ浅草寺の表参道

仲見世通りの人気ショップ

ハトのマークの木村家人形焼本舗
はとのまーくのきむらやにんぎょうやきほんぽ

焼きたての人形焼は浅草名物

繁盛店の多い仲見世通りにあって、大賑わいの人形焼店。浅草ゆかりの鳩・五重塔・提灯・雷様600円(8個)～は、北海道十勝産の小豆を使用。明治元年(1868)創業。

☎03-3844-9754 🏠台東区浅草2-3-1
⏰9:30～18:30
休無休
🗺P34B2

荒井文扇堂
あらいぶんせんどう

職人の技が冴える扇専門店

創業は明治18年(1885)。歌舞伎や落語など伝統芸能界に多くの顧客を抱える。風神・雷神などを描いた江戸一文字の団扇1300円～、40工程を職人が手作りする扇子2420円～。

☎03-3841-0088 🏠台東区浅草1-20-2 ⏰11:00～16:00 休月曜
🗺P34B3

江戸趣味小玩具 仲見世 助六
えどしゅみこがんぐ なかみせ すけろく

次世代に残したい江戸玩具

慶応2年(1866)創業、日本唯一の江戸小玩具の専門店。縁起物の荒かぶり犬4300円～や干支土鈴など伝統の豆おもちゃが店いっぱいに並び、ちょっとしたミニミュージアムのよう。

☎03-3844-0577 🏠台東区浅草2-3-1
⏰10:00～18:00
休不定休
🗺P34B2

③ 浅草寺
せんそうじ

都内最古の寺院で浅草のシンボル

山号は金龍山、本尊は聖観世音菩薩。草創は推古天皇36年(628)、漁師の兄弟が隅田川で観音像を引き上げて祀ったことによる。本尊を奉安する本堂(観音堂)を中心に、国の重要文化財の二天門、高さ約50mの五重塔などが立つ。

☎03-3842-0181
🏠台東区浅草2-3-1
🕐休料境内自由
(各諸堂は6:00〜17:00 ※10〜3月は6:30〜)
MAP P34B2

写真の拝殿のほか、本殿と弊殿も国の重要文化財

④ 浅草神社
あさくさじんじゃ

例大祭「三社祭」の舞台として知られる

浅草寺の北東に位置し、三社さまとよばれて親しまれている。祭神は、浅草寺の本尊を引き上げた檜前浜成・武成兄弟と、観音像を奉安した土師真中知の三柱。毎年5月開催の三社祭(→P186)は、この神社の例大祭だ。

☎03-3844-1575　🏠台東区浅草2-3-1
🕐休料境内自由　**MAP** P34B2

朱塗りの宝蔵門。ここをくぐると正面に本堂が現れる

浅草寺の隣にあり、18種のアトラクションがある

歴史を学ぶ

娯楽の街浅草の面影を残す浅草六区

明治17年(1884)に浅草では一区から七区までの街区が造成された。昭和30年代後半から急速に衰退しつつ見せ物小屋などが歓楽街が形成された。六区に移転され、の際には芝居小屋や娯楽の一大拠点として栄えたが、も娯楽の一大拠点として栄えた。くばエクスプレスやイツリーの開業や東京スカイツリーの開業によの誕生による観光客の増加を背景に、再興へ多くの娯楽施設が誕生。昭和になって動き出している。

浅草六区通り(**MAP** P34A2)

⑤ 浅草花やしき
あさくさはなやしき

下町の歴史ある小さな遊園地

江戸時代に花園として開園した歴史があり、日本最古の遊園地とされている。園内には人気の「ローラーコースター」や「お化け屋敷」をはじめとするアトラクションと縁日コーナー、飲食店舗などが所狭しと立ち並んでいる。

☎03-3842-8780
🏠台東区浅草2-28-1
🕐10:00〜18:00(季節・天候により変動あり)
休メンテナンス日(要HP確認)
料入園1200円
MAP P34B2

❻ 浅草演芸ホール
あさくさえんげいほーる

落語を中心とした娯楽の殿堂

落語の定席の一つ。昭和39年(1964)の開業以来、落語協会と落語芸術協会が10日ごとに公演。落語のほか、漫才やコントなども披露される。昼・夜の入替えはなく、通しで見られる。弁当(持ち込み可)やビールなども販売。

☎03-3841-6545 🏠台東区浅草1-43-12
🕐11:40〜16:30、16:40〜21:00
休無休 入場3000円
MAP P34A2

劇場前のよび込みも賑やか

❼ 浅草文化観光センター
あさくさぶんかかんこうせんたー

展望テラスもある浅草観光の拠点

地下1階・地上8階建ての建物に、浅草をはじめとする台東区の観光情報コーナーや案内カウンターなどを設置。8階には喫茶室と、東京スカイツリー®や仲見世をはじめとした浅草の街を見渡せる展望テラスもある。

☎03-3842-5566
🏠台東区雷門2-18-9
🕐9:00〜20:00(展望テラスは〜22:00、喫茶室は10:00〜20:00)
休無休
入館無料
MAP P34B3

上)開放的な展望テラスからの眺め
下)ここを散策の起点にするのもいい

おさんぽの途中に！ 立ち寄りグルメ&ショップ

浅草梅園
あさくさうめぞの

素朴な甘さが懐かしい甘味

安政元年(1854)、浅草寺の別院・梅園院の茶屋として誕生。創業以来の名物が、あわぜんざい825円。粒の食感を残したままの餅きびに、なめらかなこし餡を合わせている。

☎03-3841-7580 🏠台東区浅草1-31-12 🕐10:00 - 16:30LO(土日曜、祝日は〜17:30LO) 休月2回水曜不定休 MAP P34B3

神谷バー
かみやばー

今も昔も変わらない憩いの場

明治13年(1880)に開業。店の代名詞のカクテル、デンキブランはアルコール度数の異なる2種類があり、400円(30度)と500円(40度)。1階はバーで、2階がレストラン。

☎03-3841-5400
🏠台東区浅草1-1-1
🕐11:00〜20:00 休火曜(祝日の場合は営業) MAP P34B3

浅草雷門 亀十
あさくさかみなりもん かめじゅう

東京屈指のどら焼きの名店

大正末期に創業した和菓子店で、特製どら焼き1個390円で有名。パンケーキのようにふんわりとした皮は、職人が一枚一枚手焼きしたもの。黒あんと、白あんがある。

☎03-3841-2210
🏠台東区雷門2 18 11
🕐10:00〜19:00
休不定休(月1回程度) MAP P34B3

浅草寺周辺の老舗ランチスポット

江戸の風情が色濃く残る浅草には、創業100年以上の老舗が多い。
庶民から芸人・文人までが愛した江戸前の一品を堪能しよう。

🍴 駒形どぜう
こまかたどぜう

江戸庶民が好んだ味を
200年以上守り継ぐ

独自の下ごらえ後、浅い鍋に並べて炭火の上へ。こまめに割り下を差しながら、たっぷりのネギと一緒に召しあがれ。地下から地上3階まであり、1階は風情ある入れ込み座敷だ。

☎03-3842-4001
🏠台東区駒形1-7-12
🕐11:00～20:00LO
🈳不定休 MAP P34B4

【享和元年（1801）創業】江戸っ子に愛され続けるどぜうなべ3100円

🍴 雷門 うなぎ 色川
かみなりもん うなぎ いろかわ

味を守る6代目と7代目は
ちゃきちゃきの江戸っ子

味の決め手となるタレは創業時から継ぎ足している。備長炭で焼き上げる鰻は、食べやすいようにとやや小ぶりのものを使うのが特徴。やや硬めに炊いたご飯のおいしさも評判がいい。

☎03-3844-1187
🏠台東区雷門2-6-11 🕐11:30～14:00ごろ 🈳日曜、祝日不定休、その他不定休あり MAP P34B4

【文久元年（1861）創業】浅草寺参拝後におすすめ。鰻重5200円～

🍴 辨天山美家古寿司
べんてんやまみやこずし

職人技が冴えわたる
これぞ正真正銘の江戸前

古典的な技法を守り、ネタを甘酢にくぐらせるなど職人のひと仕事が施された江戸前寿司が味わえる。150年以上も継ぎ足したツメや煮切り醤油を塗られたネタも味わい深い。

☎03-3844-0034 🏠東区浅草2-1-16 🕐12:00～14:00LO、17:00～20:00LO（日曜、祝日は12:00～17:00LO） 🈳月曜、第1・3日曜 MAP P34C2

【慶応2年(1866)創業】浅茅7150円

🍴 尾張屋
おわりや

丼からはみ出すビッグ天ぷら
永井荷風が通ったそば店

客をビックリさせようと、明治中期に考案された天ぷらそば・天丼が店の名物。一番粉のそばに、独自にブレンドしたごま油でさっと揚げたエビは、丼よりも大きく食べごたえがたっぷり。

☎03-3845-4500
🏠台東区浅草1-7-1
🕐11:30～20:00
🈳金曜 MAP P34A3

【万延元年（1860）創業】エビ2尾の天ぷらそば1900円。天丼は2000円

🏠 大黒家
だいこくや

ごま油の香りに誘われて
開店前から行列ができる日も

伝法院通りにそば店として開業。2年後に天ぷら店となり、現在は4代目が変わらぬ味を提供する。ごま油で揚げた天ぷらを、濃いめの丼汁に浸した天丼は絶品。木造の古い店舗は風情がある。

☎03-3844-1111
🏠台東区浅草1-38-10
🕐11:00～20:00
🈳無休 MAP P34B3

【明治20年（1887）創業】エビ・キス・かき揚などをのせた天丼2000円

🏠 浅草今半 国際通り本店
あさくさいまはん こくさいどおりほんてん

さっと焼くように煮る
浅草今半伝統のすき焼

本所吾妻橋に牛鍋屋として創業。日本全国から厳選した黒毛和牛を、伝統の技で調理したすき焼やしゃぶしゃぶで味わえる（注文は1名から可）。とろけるような食感の黒毛和牛は必食。

☎03-3841-1114
🏠台東区西浅草3-1-12
🕐11:30～20:30LO
🈳無休 MAP P34A2

【明治28年（1895）創業】すき焼昼膳4950円でちょっぴり豪勢なランチを

都 内各所で行われている七福神めぐり。隅田川の東、墨東の向島界隈の「隅田川七福神めぐり」は、江戸後期に向島百花園に集う文化人たちが始めたという。七福神は、正月元日から松の内に開帳され、ご朱印、宝舟やご分体など縁起物が頒布され、開運を祈りながら集めて回る趣向が人気。

「隅田川七福神」めぐり

東京スカイツリー®を目指して歩くか、
東京スカイツリー®の足元からスタートして歩く。
歩く時間は約70〜80分。

START & GOAL
東武スカイツリーライン
堀切駅
東京スカイツリー駅

① 三囲神社　　　　　　　　　　(→ P44)
みめぐりじんじゃ
＜恵比寿神・大国神(天)＞

弘法大師がお稲荷さんを祀ったのがはじまりと伝えられる神社。境内には、貴重な石碑も多い。本殿の左手に大国恵比寿神祠殿があり、二神が祀られている。商売繁盛の神様として崇められるこの二神は、もとは越後屋(三越)に祀られていたものとか。**MAP**P42A3

② 弘福寺
こうふくじ
＜布袋尊＞

禅宗のなかでも中国色の濃い宗派、黄檗宗の寺。本堂や山門の意匠に中国風の特色が見られる。布袋尊は、中国の唐の時代に実在した禅僧。大きな布袋を持ち歩き、物をこの中にたくわえ、困っている人に施しを与えたといわれている。**MAP**P42B3

③ 長命寺
ちょうめいじ
＜弁財天＞

もとは常泉寺。三代将軍家光が鷹狩の際、腹痛に襲われ、ここで休憩し寺の井戸水で薬を飲んだところ快復したため、寺号を長命寺に改称したとか。そのいわれを記した長命水石文の石碑などが境内に立つ。芸能と財運の神・弁財天が祀られている。**MAP**P42B3

④ 向島百花園　　　　　　　　　(→ P43)
むこうじまひゃっかえん
＜福禄寿＞

江戸時代に日本橋で骨董屋として財をなした佐原鞠塢が開いた庭園。ここに集まった文人墨客たちが鞠塢の愛蔵していた福禄寿の像をもとに正月の楽しみごとを考えたのが七福神めぐりのはじまり。福禄寿は中国の神様で、人徳や人望を授けてくれる。**MAP**P42C1

⑤ 白鬚神社
しらひげじんじゃ
＜寿老神＞

天暦5年(951)に近江国の白鬚大明神を勧請したのがはじまり。向島でも最も古く由緒ある神社。隅田川七福神を定めた際に、寿老人を祀ったところが見つからず、白い鬚だからここの神様は老人の神様だろうと、寿老人に定めたとか。そのため寿老神と表記する。**MAP**P42B1

⑥ 多聞寺
たもんじ
＜毘沙門天＞

区内最古の建造物といわれる茅葺きの山門が現存。弘法大師作と伝えられている四天王の一体で多聞天ともよばれる毘沙門天像がご本尊。毘沙門天はもともとインドの神様で勇気や威厳を授けてくれる。東武スカイツリーライン堀切駅から徒歩約10分。**MAP**P189F1

七福神めぐりをしながらもあちこちからスカイツリーが望める。上左は三囲神社の大国恵比寿神祠殿。下は弘福寺の門と布袋尊

コース **5**

東京スカイツリー®周辺

・とうきょうすかいつりーしゅうへん・

🔵 歩く時間 >>> 約**60**分　　　　🔵 歩く距離 >>> 約**3**km

START

東向島駅

東武スカイツリーライン

≫

❶ 東武博物館

徒歩1分
（所要60分）

≫

❷ 向島百花園

徒歩8分
（所要20分）

≫

❸ 墨田区立隅田公園

徒歩10分
（所要10分）

徒歩10分

2m >
0m >
高低差 -2m >

東向島駅

❶　　　　❷　　　　　　　　　　❸

距離 > 1km

下町を歩きながら東京の新ランドマークへ

世界No.1の高さを誇るタワー、
東京スカイツリー

東京の観光スポットとして話題の東京スカイツリー。開業直後は整理券が配られるほど多くの人が訪れ、今や押しも押されぬ東京のランドマークとなった。そのツリー周辺に広がる下町、向島〜押上にはタワーがきれいに見えるビューポイントが点在し、街歩きの楽しみでもある。スタートは100年以上の歴史をもつ東武鉄道の博物館。そして江戸時代から続く百花園をめぐり、川沿いの墨田区立隅田公園でひと休み。その後、2つの神社に参拝し、注目の東京スカイツリーへ。天望デッキや天望回廊のチケットは当日券のほか、お得な前売券があるので、購入方法は事前にチェックしておこう。その足元にある商業施設・東京ソラマチや水族館、プラネタリウムへも寄り道を。ちょっと足を延ばし、天祖神社(写真左、MAP P42B4)で記念撮影も一興。

おさんぽアドバイス

比較的平坦な道のりだが、距離が長いため、休み休み歩くのがコツ。向島エリアには、「隅田川七福神」(→P39)が点在。なお、休日には東京スカイツリーは混雑することも多いので、時間に余裕をもって行動しよう。

おすすめ季節 >>> 通年 🌸 🍃 🍁 ❄

④
三囲神社

（所要10分）

徒歩3分 ≫

⑤
牛嶋神社

（所要10分）

徒歩10分 ≫

⑥
東京
スカイツリー®

（所要60分）

徒歩すぐ ≫

⑦
東京
ソラマチ®

（所要60分）

徒歩すぐ ≫

GOAL
押上（スカイツリー前）駅

東武スカイツリーライン
京成押上線
地下鉄
浅草線
半蔵門線

④ ⑤ ⑥⑦
押上（スカイツリー前）駅

>2km   3km>

41

❶ 東武博物館
とうぶはくぶつかん

東武鉄道の歩みを楽しく紹介

120余年を歩んできた東武鉄道の機関車や電車、バスなどの実物車両を屋内外で展示。横14m、奥行き7mの大ジオラマでは、約130両の電車が走るパノラマショーを1日5回も行う。運転体験など、楽しい展示構成だ。

上）大ジオラマ
右）特急デラックスロマンスカー1720系

☎03-3614-8811 ⊕墨田区東向島4-28-16 ⊕10:00〜16:30（入館は〜16:00）⊗月曜（祝休日の場合は翌日）⊕入館210円 MAP P42C1

9月下旬ごろは全長約30mのハギのトンネルが満開

❷ 向島百花園
むこうじまひゃっかえん

下町に現存する江戸の花園

江戸時代、骨董商で粋人だった佐原鞠塢が文化元年（1804）ごろに開園した草花観賞の憩いの場。四季を通じて草花約500種類が咲き誇り、夏は虫きの会、秋は月見の会など風流なイベントを開催し好評だ。

☎03-3611-8705 ⊕墨田区東向島3 ⊕9:00〜17:00（入園は〜16:30）⊗無休 ⊕入園150円 MAP P42C1

観光クローズアップ

◎ 鳩の街通り商店街
はとのまちどおりしょうてんがい

昭和レトロな雰囲気が今も息づく

昭和3年（1928）から続く商店街。戦火を免れたため、戦前のままの細い通りや木造家屋が現在も残っている。最近ではこの家屋を利用したカフェやギャラリーなどがオープンしマスコミからも注目を集めている。

☎各店舗により異なる ⊕墨田区東向島1〜向島5 MAP P42B2

上）レトロな風景に惹かれて訪れる人も
右）通りの一角にある井戸ポンプ

おさんぽの途中に! 立ち寄りグルメ&ショップ

🛍 長命寺 桜もち
ちょうめいじ さくらもち

桜餅といえば、この老舗

享保2年（1717）の創業時から桜餅ひとすじ。あっさり風味のこし餡をクレープ状の生地ではさみ、塩漬の大島桜の葉2〜3枚で包んだ風味豊かな逸品。1個250円。

☎03-3622-3266 ⊕墨田区向島5-1-14 ⊕8:30〜18:00 ⊗月曜 MAP P42B3

🛍 言問団子
ことといだんご

吉屋信子、宇野千代の好物

江戸末期に創業。歌人・在原業平が隅田川で詠んだ和歌が店名の由来だ。小豆・白・味噌餡がセットになった言問団子1480円（6個）〜。イートイン（写真）は780円。

☎03-3622-0081 ⊕墨田区向島5-5-22 ⊕9:00〜17:00 ⊗火曜（祝休日の場合は営業）MAP P42B2

🛍 志満ん草餅
じまんくさもち

ヨモギの香りに魅せられて

明治2年（1869）の創業以来、同じ製法で作られている草餅は、丸い餡入りと、くぼんだ餡なしがある。餡なしは白蜜ときな粉で味わう。どちらも1個175円。

☎03-3611-6831 ⊕墨田区堤通1-5-9 ⊕9:00〜17:00（売り切れ次第閉店）⊗水曜 MAP P42B2

❸ 墨田区立隅田公園
すみだくりつすみだこうえん

春はお花見、夏は花火大会の名所

隅田川沿いに広がる隅田公園。墨田区側は面積約8万㎡にも及び、庭園は水戸徳川邸の遺構を利用したもの。春は沿岸の桜が満開に咲き誇り、多くの花見客が訪れる。夏は隅田川花火大会が行われる。

☎03-5608-6291
（墨田区公園課）
🏠墨田区向島1・2・5丁目
🕐休🎫入園自由
MAP P42B2〜A4

稲荷神ゆかりの石造りの神狐が鎮座

❹ 三囲神社
みめぐりじんじゃ

隅田川七福神めぐりの一社

貴重な石碑の宝庫として知られる古社。境内には元禄6年（1693）の干ばつを救った句を記した雨乞いの句碑や、三角柱の形をした三柱鳥居などがある。また、ライオン像は、三越旧池袋店の入口から移されたもの。

☎03-3622-2672　🏠墨田区向島2-5-17
🕐休🎫境内自由　MAP P42A3

春には東京スカイツリー®と桜の競演が見られる

本殿前には、明神鳥居の左右に袖鳥居を付けた三輪鳥居が

歴史を学ぶ

文学散歩・文人旧居跡を歩く

小説『墨東奇譚』の作者・永井荷風が向島を愛したことはよく知られているが、隅田川の東岸一帯、江戸の向こうにあるから向島とよばれたこの界隈に暮らした文人は多く、旧居跡の碑が整備されている。谷中天王寺の塔をモデルにした小説『五重塔』の作者・幸田露伴は、墨田川高校（旧府立七中）の校歌を作

詞し、校内に碑が立つ。娘で作家の幸田文も向島生まれ。軍医で小説家・翻訳家だった森鷗外は、津和野から上京し少年時代を向島で過ごした。近年、映画化された『風立ちぬ』ゆかりの堀辰雄も、この地で育ち、関東大震災も体験している。ほかにも佐多稲子、吉川英治の旧居跡の碑が立ち、歌碑や句碑も多い。

❺ 牛嶋神社
うしじまじんじゃ

貞観2年（860）創建の古社

体の悪い場所を撫でると治るという「撫で牛」で知られ、国内では珍しい三輪鳥居や狛犬ならぬ狛牛も鎮座する。総檜権現造の本殿は記念撮影の名所としても名高い。縁起物では東京スカイツリー®クリスタル根付守800円が人気。

☎03-3622-0973
🏠墨田区向島1-4-5
🕐休🎫境内自由
MAP P42A4

晴天時の天望デッキからの視界は約70km

3フロア構造の天望デッキは高さ約5mの大型ガラスを360度に配している

⑥ 東京スカイツリー®
とうきょうすかいつりー

東京の新ランドマーク

地上634m、タワーとしては世界一の高さを誇る東京スカイツリーは、自立式電波塔であり観光タワーでもある。雲よりも高い場所から東京が一望できる2つの展望台は、地上350mと450mに位置する。日中もすばらしいがライティングにきらめく夜景も見逃せない。

☎0570-55-0634（東京スカイツリーコールセンター）
🏠墨田区押上1-1-2 🕐10:00～22:00（入場は～21:00、日曜、祝日は9:00～）　🈳無休　🈯入場券は当日券・前売券により異なるため、HPを参照するか事前に要問合せ
MAP P42B4

©TOKYO-SKYTREETOWN

⑦ 東京ソラマチ®
とうきょうそらまち

"新・下町流"がテーマの商業施設

東京スカイツリーの足元に位置し、300を超えるショップやレストランが揃っている。ウエスト・イースト・タワーの3つのヤードに分かれた館内は1日では回りきれないほどの広さ。

☎🕐🈳各施設により異なる　MAP P42B4

©TOKYO-SKYTREETOWN

東京ソラマチ店限定の商品やメニューも多数

食事をしながらこのような眺めが楽しめる店舗もある

東京スカイツリータウン®のエンタメ施設

すみだ水族館
すみだすいぞくかん

完全人工海水の都市型水族館
国内最大級の屋内開放プール型水槽を中心に、ペンギンやオットセイなどのいきものを展示。
☎03-5619-1821　🏠東京スカイツリータウン5・6階　🕐10:00～20:00（土・日曜、祝日は9:00～21:00。最終入館は閉館1時間前）　🈳無休（臨時休館あり）　🈯入館2500円
MAP P42B4

コニカミノルタプラネタリウム天空 in 東京スカイツリータウン®
こにかみのるたぷらねたりうむてんくういんとうきょうすかいつりーたうん

いまだかつてない宇宙空間
光と音の演出により臨場感あふれる星空とCG映像が楽しめる。
☎03-5610-3043　🏠東京スカイツリータウン7階　🕐10:30～22:00（土・日曜、祝日は9:30～）　🈳不定休（作品入替期間は休館）　🈯入館1600円～
MAP P42B4

千葉工業大学東京スカイツリータウン®キャンパス
ちばこうぎょうだいがくとうきょうすかいつりーたうんきゃんぱす

先端の科学技術を体感
大学の研究活動から生まれた技術を学びながら楽しめるアトラクションを用意。打ち上げ花火をデザインできるスポットも。
☎03-6658-5888　🏠東京スカイツリータウン・ソラマチ8階　🕐10:30～18:00（年末年始のみ短縮）　🈳不定休　🈯入場無料　MAP P42B4

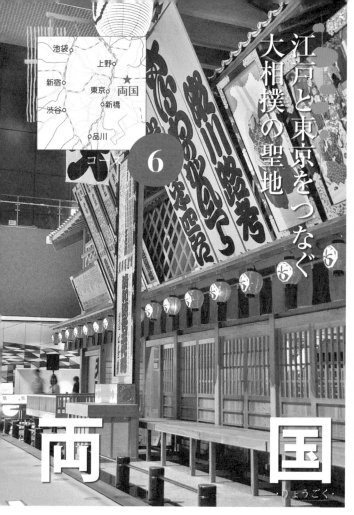

両国 ・りょうごく・

江戸と東京をつなぐ大相撲の聖地

6

● 歩く時間 >>>
約25分

● 歩く距離 >>>
約2.5km

● おすすめ季節 >>>
春🌸(4〜5月) 冬❄(12月)

両国は、江戸時代から続く大相撲の街。現在も相撲部屋が点在しているので、散策の途中に力士の姿を見かけることも珍しくない。元力士が営む、ちゃんこ鍋店も数多く、食でも相撲気分を満喫できる。また忠臣蔵の吉良邸跡や、鼠小僧の墓などのある回向院があるなど、江戸の面影があちらこちらに残る。

おさんぽアドバイス

平坦なコースなので歩きやすい。距離を延ばすなら、隅田川沿いの遊歩道、隅田川親水テラスを浅草へ向かうのがオススメ。

START		①	②	③	④	GOAL
両国駅		東京都江戸東京博物館	旧安田庭園	相撲博物館	回向院	両国駅
JR総武線 地下鉄 大江戸線	徒歩3分	(所要90分)	徒歩6分 (所要30分)	徒歩2分 (所要20分)	徒歩7分 (所要20分)	徒歩5分 JR総武線 地下鉄 大江戸線

横網（二）

石原（一）

浅草御蔵跡

NTT蔵前

蔵前（一）

都立蔵前工高

台東区

蔵前橋

蔵前橋東詰

石原一 ❶

東京都復興記念館

浦潟通り

安田学園 高・中

横網町公園

緑豊かな公園。園内には関東大震災による遭難死者を供養する慰霊堂、東京大空襲犠牲者を追悼する空襲犠牲者碑などがある。

隅田川

柳橋（二）

旧安田庭園前

刀剣博物館

2 旧安田庭園

国技館北

東京都慰霊堂

横網町公園前

横網町公園前

都営大江戸線

第一ホテル両国

慈光院

亀沢（一） ❷

NTTドコモ

東京医学技術専門学校

国際ファッションセンター

ここまで **1km**

舟橋聖一生誕地

新藤

墨田区

A1

江戸東京博前

両国中

東京水辺ライン両国発着場

アパホテル両国駅タワー

3 相撲博物館

両国中

日大一高日大一中

A2

秋葉原駅へ

総武本線

両国国技館 P49

横網（一）

徳川家康像

A3

両国駅

両国駅

パールホテル両国

1 東京都江戸東京博物館

A4

スタート

ゴール

両国駅

総武本線

A5

リバーホテル

両国ビューホテル

🍴**ちゃんこ霧島 両国本店** P48

東京東信金

隅田川親水テラス

🏠**両国國技堂** P48

両国（二）

両国 プラザビル

両国三

両国髙はし 🏠 P48

緑一

ここまで **2km**

国技館通り

両国一

両国二

京葉道路

三菱UFJ 🏧

両国（四）

住友不動産ビル

両国シティコア

シアターX

🏠**吉良邸跡** P48

両国小

両国公園

勝海舟生誕地

二之橋北詰

4 回向院 卍

両国（一）

大徳院 卍

両国（三）

一之橋北詰

千歳橋

二之橋

森下駅へ

A B C

歴史を学ぶ

赤穂浪士が討ち入りした 本所吉良邸が残る

忠臣蔵で描かれる、赤穂浪士討ち入りの舞台となった吉良上野介義央の屋敷跡が、本所松坂町公園として保存されている。当時の屋敷は東西約133ｍ、南北約62ｍあったとされる。

●歴史ゆかりのスポット

吉良邸跡
きらていあと

昭和9年（1934）に両国3丁目町会有志が土地を購入、東京市に寄付をした。なまこ壁で囲まれ、吉良の首洗い井戸が残っている。
☎03-5608-6291（墨田区公園課）　🏠墨田区両国3-13-9
🕐園内自由
🈺無休
🎫見学無料
MAP P47B4

常設展示室の入口では江戸期の日本橋の北側半分を原寸大で復元

❶ 東京都江戸東京博物館
とうきょうとえどとうきょうはくぶつかん

江戸、東京の歴史と文化を紹介する

江戸時代から約400年にわたる江戸・東京の変遷を知ることができるミュージアム。常設展示室では、原寸大模型や精巧な縮尺模型などで当時の様子を再現しており、文化や歴史を体感できる。なお、大規模改修工事中のため2025年度（予定）まで休館中。

☎03-3626-9974　🏠墨田区横網1-4-1　🕐9:30～17:30（土曜は～19:30。入館は閉館30分前まで）
🈺月曜（祝休日の場合は翌日。その他休みあり、要問合せ）
🎫HP参照
MAP P47B3

おさんぽ の 途中 に！　立ち寄りグルメ＆ショップ

🍲 ちゃんこ霧島 両国本店
ちゃんこきりしまりょうごくほんてん

陸奥部屋直伝のちゃんこ鍋

元大関・霧島が開いたちゃんこ鍋店。ちゃんこ鍋1人前3520円（注文は2人前から）は鶏がら豚骨ベースのスープに信州の白味噌と醤油を加えた絶妙な味わい。
☎03-3634-0075　🏠墨田区両国2-13-7　🕐11:30～14:00LO、17:00～21:00LO　🈺月曜（その他不定休あり）　MAP P47A3

🏠 両国國技堂
りょうごくこくぎどう

相撲にちなんだ菓子が並ぶ

大正7年（1918）創業の菓子店。土俵の俵をモチーフにしたおかきであんこを包んだあんこあられ480円（8個入り）や、米粉を使った土俵サブレ200円が人気。
☎03-3631-3856　🏠墨田区両国2-17-3　🕐10:00～19:00　🈺無休　MAP P47A3

🛍 両国髙はし
りょうごくたかはし

相撲ファンも力士も御用達の店

本業は布団店で、力士用のビッグサイズを扱っている。また店内のおよそ半分には相撲グッズの数々が陳列されていて、外国人観光客も多く訪れる。人気はのれん1100円～。
☎03-3631-2420　🏠墨田区両国4-31-15　🕐9:30～19:00　🈺日曜不定休　MAP P47C3

❷ 旧安田庭園
きゅうやすだていえん

江戸の潮入り池泉廻遊式庭園を再現

元禄年間（1688〜1703）に笠間藩主本庄宗資が大名庭園として造園。かつては隅田川の水を引いた潮入池泉廻遊式庭園として知られていた。現在は人工潮入り式の池泉廻遊式庭園として再現されている。

☎03-5608-6291（墨田区公園課）📍墨田区横網1-12-1 🕐9:00〜16:30（6〜8月は〜18:00）🚫12月29日〜1月1日 💴入園無料 🗺️P47B2

化粧まわしや手形などがテーマに合わせて展示される

心字池を囲むように散策路が整備されている

❸ 相撲博物館
すもうはくぶつかん

貴重な品々を多彩なテーマで展示

保管する約3万点の相撲資料の多くは、初代館長・酒井忠正が収集したもの。展示室はワンフロアのみのため、2カ月に1回のペースで展示替えを行う。両国国技館内にあるので、本場所中やイベント時には国技館の入場券が必要なので注意。

☎03-3622-0366 📍墨田区横網1-3-28（両国国技館内）🕐10:00〜16:30 🚫土・日曜、祝日（東京本場所中は無休。ただし大相撲観覧者のみ見学可能）💴見学無料 🗺️P47B2

❹ 回向院
えこういん

かつて相撲の定場所だった寺院

明暦3年（1657）に起きた、江戸時代最大の火災である振袖火事。その犠牲者を弔うために建てられた御堂が始まり。江戸後期から明治末期にかけての76年間、現在の大相撲の起源となる回向院相撲が境内で行われた。

☎03-3634-7776 📍墨田区両国2-8-10 🕐境内自由（本堂は9:00〜16:30）🚫無休 💴拝観無料 🗺️P47A4

国道14号線に面した回向院の門

相撲部屋の新弟子が祈願に訪れる力塚

歴史を学ぶ

◎ 大相撲の聖地 国技館の歴史をたどる

現在の両国国技館は、国技館として三代目にあたる。初代にあたる旧両国国技館は、治42年（1909）に明治42年（1909）回向院の境内に明行に使われている。所から大相撲の興り、昭和60年（1985）の1月場に建てられたが、関東大震災や東京大空襲での焼失、陸軍やGHQによる接収など、激動の時代に翻弄され続けた。昭和25〜59年（1950〜1984）までは蔵前国技館で開催された。

🗺️P47A2

コース **7**

池袋
上野 ★
新宿
渋谷
東京
新橋
品川

上野
・うえの・

● 歩く時間 >>> 約**1時間30分**　　　● 歩く距離 >>> 約**5.2km**

START
上野駅

JR
京浜東北線
山手線
宇都宮線
高崎線
常磐線
地下鉄
銀座線
日比谷線

≫ 徒歩12分 ≫

①
東京国立博物館

(所要50分)

≫ 徒歩5分 ≫

②
旧博物館動物園駅(京成線)

(所要5分)

≫ 徒歩8分 ≫

③
寛永寺

(所要10分)

≫ 徒歩30分 ≫

30m >
15m >
高低差 0m >
上野駅

① ② ③

距離 > **1**km　　> **2**km

芸術・文化の森 上野の山に広がる

不忍池を望む山の上に立つ
清水観音堂。国指定の重要文化財

東京随一の桜の名所として知られる上野恩賜公園。江戸時代は不忍池を含む「上野の山」一帯が寛永寺の敷地だったが、慶応4年（1868）、彰義隊と新政府軍による上野戦争で堂宇の大部分を焼失した。その後跡地が整備され、日本の公園第1号として明治6年（1873）に一般公開された。公園内には寺社や史跡、記念碑などが点在し、随所で寛永寺の名残を見ることができる。かつて寛永寺根本中堂があった場所は竹の台噴水として生まれ変わり、憩いの場として親しまれている。周辺には東京国立博物館をはじめ、国立西洋美術館や国立科学博物館など国内屈指のミュージアムが集まり、上野動物園や国際子ども図書館など親子で楽しめるスポットも多い。上野駅南側はアメ横商店街を中心に食料品店や雑貨店、飲食店などが軒を連ねる賑やかな繁華街になっている。

（ おさんぽアドバイス ）

みどころの中心となる上野恩賜公園は、2010年から5年計画で再生整備事業を実施。竹の台噴水や東京都美術館もリニューアルオープンした。なお、上野動物園やミュージアムは月曜休みが多いので、おでかけ前に確認を。

🌸 おすすめ季節 >>> 春 🌸（3~5月）

4 上野東照宮 ≫

（所要15分）

徒歩13分

5 不忍池 ≫

（所要20分）

徒歩15分

6 台東区立下町風俗資料館 ≫
（所要30分）

徒歩4分

7 アメ横商店街 ≫

（所要30分）

徒歩5分

GOAL 上野駅

JR
京浜東北線
山手線
宇都宮線
高崎線
常磐線
地下鉄
銀座線
日比谷線

上野駅

>3km　>4km　>5km

上野

広域図はP191へ

N 0 100m
1:9,000

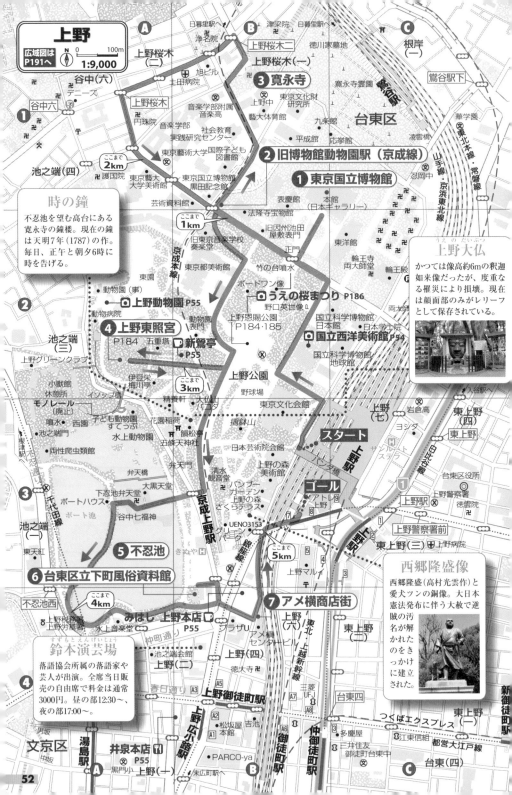

1 東京国立博物館
2 旧博物館動物園駅（京成線）
3 寛永寺
4 上野東照宮 P184
5 不忍池
6 台東区立下町風俗資料館
7 アメ横商店街

スタート
ゴール

台東区
文京区

ここまで 1km / 2km / 3km / 4km / 5km

時の鐘
不忍池を望む高台にある寛永寺の鐘楼。現在の鐘は天明7年(1787)の作。毎日、正午と朝夕6時に時を告げる。

上野大仏
かつては像高約6mの釈迦如来像だったが、度重なる罹災により損壊。現在は顔面部のみがレリーフとして保存されている。

西郷隆盛像
西郷隆盛(高村光雲作)と愛犬ツンの銅像。大日本憲法発布に伴う大赦で逆賊の汚名が解かれたのをきっかけに建立された。

鈴本演芸場
落語協会所属の落語家や芸人が出演。全席当日販売の自由席で料金は通常3000円。昼の部12:30〜、夜の部17:00〜。

❶ 東京国立博物館
とうきょうこくりつはくぶつかん

国宝・重文の名品が勢揃い

明治5年（1872）に創立した日本で最も長い歴史を持つ博物館。敷地内には6つの展示館があり、収蔵品は約12万件。日本をはじめ、東洋の美術及び考古関連など、コレクションは多岐にわたり、国宝、重要文化財なども多い。

☎03-5777-8600（ハローダイヤル）　⊕台東区上野公園13-9　⊕9:30〜17:00（金・土曜は〜19:00、入館は閉館30分前まで）　⊗月曜（祝休日の場合は翌日）、12月23日〜1月1日　⊕入館1000円　MAP P52B1

左）日本ギャラリーでは時代を追いながら「日本美術の流れ」を展示　右）本館エントランス。現在の建物は昭和13年（1938）に完成

コレクションを中心とした総合文化展のほか、年5回ほど特別展を開催

❷ 旧博物館動物園駅（京成線）
きゅうはくぶつかんどうぶつえんえき（けいせいせん）

レトロな西洋建築の旧駅舎

黒田記念館のある交差点に立つ西洋風の建物は、旧博物館動物園駅の地上の入口。昭和8年（1933）に上野動物園旧正門や東京国立博物館などの最寄り駅として開業。平成16年（2004）に廃止されたが、建物は当時のままだ。鉄道施設として初めて東京都選定歴史的建造物に選定。

⊕台東区上野公園13-23　時休料外観見学自由　MAP P52B1

2018年に駅舎がリニューアル

堂内に秘仏・薬師瑠璃光如来像を安置。国の重要文化財

❸ 寛永寺
かんえいじ

6人の徳川家将軍が眠る

魔除けの飾り瓦

寛永2年（1625）、天海僧正により創建された天台宗の関東総本山。徳川家の菩提寺で、歴代将軍15人のうち綱吉、吉宗など6人が埋葬されている。最盛期は現在の上野恩賜公園を含む広大な寺領を有したが、幕末の上野戦争で伽藍の大部分を焼失した。

☎03-3821-4440　⊕台東区上野桜木1-14-11　⊕9:00〜17:00　⊗無休　⊕拝観無料　MAP P52B1

❹ 上野東照宮
うえのとうしょうぐう

家康公らを祀る

寛永4年（1627）、徳川家康の遺言により藤堂高虎と天海僧正が造営し、徳川家康・吉宗・慶喜を祀る。現在の社殿は慶安4年（1651）に3代将軍家光が造り替えたもの。金箔をふんだんに使った豪華な建物であったことから「金色殿」ともよばれた。唐門と社殿、透塀は国の重要文化財。元旦〜2月中旬、4月中旬〜5月中旬にぼたん苑を開苑。

☎03-3822-3455
🏠台東区上野公園9-88
🕘9:00〜16:30　🈂無休
💴拝観500円　**MAP** P52A2

上）平成21〜25年（2009〜2013）に修復工事が行われた。写真は豪華な造りが目を引く唐門
左）参道にはおびただしい数の灯籠が並ぶ

❺ 不忍池
しのばずのいけ

上野恩賜公園内の花の名所

周囲約2kmの池。中央には長寿や芸能の守りとして信仰される不忍池弁天堂が立つ。春は桜、夏は蓮の名所として知られ、季節ごとにイベントを開催。西側にはボート池があり、休日は多くの人で賑わう。ローボート60分700円。

天海僧正が創建した不忍池弁天堂

☎03-3828-5644（上野恩賜公園管理所）
🏠台東区上野公園
🕘🈂散策自由
MAP P52A3

左）7月中旬〜8月中旬は池の南側が蓮の葉で覆われる　右）弁天堂のお堂は八角形なので四方からお参りできる。花見シーズンは弁天堂の前の通りも賑わう

観光クローズアップ

◎ 国立西洋美術館
こくりつせいようびじゅつかん

常設展に加え
企画展も充実した内容

フランス印象派の絵画を中心に中世〜20世紀にかけての西洋美術を所蔵。建造物は「ル・コルビュジエの建築作品－近代建築運動への顕著な貢献－」の1つの資産として世界文化遺産に登録。

☎050-5541-8600（ハローダイヤル）　🏠台東区上野公園7-7　🕘9:30〜17:30（金・土曜は〜20:00、入館は閉館30分前まで）　🈂月曜（祝休日の場合は翌平日）、12月28日〜1月1日　💴常設展観覧料500円　**MAP** P52B2

©国立西洋美術館

上野不忍池は競馬場だった

● 不忍池競馬場
しのばずのいけけいばじょう

明治17年（1884）、新宿の戸山学校競馬場が上野に移転し、不忍池を周回する競馬場が造られた。第1回は天皇臨席のもとで開催され、春と秋に競馬が行われたが、明治25年（1892）に経営難のため幕を閉じた。当時の周回コースが遊歩道になっている。

『上野不忍競馬会之図』
※国立国会図書館ホームページより転載

❻ 台東区立下町風俗資料館
たいとうくりつしたまちふうぞくしりょうかん

懐かしい下町風景を再現

　古きよき下町の暮らしや文化を伝える資料館。大正時代の長屋と商家を原寸大で再現したコーナーが必見。当時の生活道具や玩具などの資料も展示。2025年3月リニューアルオープン予定。

上）下町の長屋を再現
下）中に入ることも可能

☎03-3823-7451　🏠台東区上野公園2-1
🕐9:30～16:30（入館は～16:00）　🈺月曜（祝休日の場合は翌平日）※2025年3月まで休館中　🉐入館300円　MAPP52B4

年末の買出し風景でおなじみ

❼ アメ横商店街
あめよこしょうてんがい

戦後のヤミ市がルーツ

　JR上野駅～御徒町駅の高架下を中心に広がる商店街。威勢のいい掛け声が飛び交い、活気にあふれている。約400m続く道の両側に、菓子や生鮮食品をはじめ、衣料品、化粧品、貴金属など、あらゆる商店が並ぶ。輸入商品が多いのも特徴。

☎03-3832-5053（アメ横商店街連合会）　🏠台東区上野
🕐店舗により異なる
MAPP52B4

観光クローズアップ

◎ 上野動物園
うえのどうぶつえん

パンダも暮らす
東京都心の動物園

明治15年（1882）に開園した日本で最初の動物園。ジャイアントパンダやホッキョクグマなど、約300種3000点の動物を見ることができる。解説員による動物ガイドも実施。

☎03-3828-5171　🏠台東区上野公園9-83　🕐9:30～17:00（入園は～16:00）　🈺月曜（祝日の場合は翌日）、12月29日～1月1日　🉐入園600円
MAPP52A2

ジャイアントパンダの展示
©（公財）東京動物園協会

おさんぽの途中に！　立ち寄りグルメ＆ショップ

☕ 新鶯亭
しんうぐいすてい

大正4年（1915）創業の茶屋

名物の鶯だんご700円（写真）は、創業時から変わらぬ手作りの味。抹茶、白、小豆の3色のなめらかな餡が口の中ですっと溶ける。冬は抹茶餡を使った鶯しるこ1200円も登場。

☎03-3821-6306
🏠台東区上野公園9-86
🕐10:00～17:00　🈺月曜（祝休日の場合は営業）　MAPP52B2

☕ みはし 上野本店
みはしうえのほんてん

あんみつで有名な甘味処

一番人気はクリームあんみつ760円（写真）。十勝産小豆を使用した餡と、さらりとした黒蜜、歯ごたえのいい寒天や赤えんどう豆など、それぞれの素材のバランスが絶妙。

☎03-3831-0384
🏠台東区上野4-9-7
🕐10:30～20:30LO
🈺不定休　MAPP52B4

🍴 井泉本店
いせんほんてん

箸で切れるとんかつ

昭和5年（1930）創業。ヒレかつ定食2100円（写真）のほか、メンチかつや海老コロッケ各900円も人気。かつサンド900円～をテイクアウトして公園で食べるのもいい。

☎03-3834-2901
🏠文京区湯島3-40-3
🕐11:30～19:45LO
🈺水曜（祝日は営業）　MAPP52B4

コース 8

入谷・根岸・三ノ輪

天逝した文学者が愛した
寺町の路地裏を歩く

・いりや・
・ねぎし・
・みのわ・

歩く時間 >>>
約50分

歩く距離 >>>
約4.3km

おすすめ季節 >>>
春🌸(4~5月)秋🍁(10~11月)

戦 災を免れた古い町並み
と多くの寺社が残る下
町エリア。入谷駅近くの入
谷鬼子母神からスタート
し、下町風情に満ちた金杉
通りや、細く曲がりくねっ
た路地など魅力たっぷりの
風景が楽しめる。根岸と下
谷、竜泉にはかつて多くの
文人墨客が暮らしていた。
当時の界隈の様子を伝える
案内板も点在する。

おさんぽアドバイス

コース前半を鶯谷駅から、後半
を三ノ輪駅からと分けて歩いて
もいい。ねぎし三平堂の開館日
は要チェック。

START 入谷駅 地下鉄 日比谷線 ≫ ① 入谷鬼子母神 徒歩2分 (所要15分) ≫ ② 小野照崎神社 徒歩5分 (所要20分) ≫ ③ ねぎし三平堂 徒歩11分 (所要45分) ≫ ④ 子規庵 徒歩2分 (所要30分) ≫ ⑤ 台東区立一葉記念館 徒歩23分 (所要45分) ≫ GOAL 三ノ輪駅 地下鉄 日比谷線 徒歩7分

都電荒川線
（東京さくらトラム）

🅐 三ノ輪橋駅へ
南千住（一）
荒川一中前駅
荒川区役所前駅へ
荒川（一）

🅑 南千住駅へ
永久寺
梅林寺
三ノ輪駅
ゴール
明治通り
根岸図書館
ワイズマート

🅒 日の出湯
日暮里
東盛公園
三ノ輪（一）
東泉小
寿永寺

⑤ 台東区立
一葉記念館
竜泉（三）
千束（四） ❶
吉原

ここまで
4km
飛不動前
正覚院
（飛不動）
千束（三）
台東病院
長国寺

荒川区
二の坪東
金太郎飴本店
P59
東日暮里
竜泉二
千束稲荷神社
竜泉（二）
西徳寺前
大音寺
西徳寺
鷲神社
西の市
11月の酉の日に行われる
鷲神社の祭礼。午前0時
の太鼓とともに多くの人
が参拝に訪れ、縁起物の
熊手を購入していく。
本清寺
東日暮里交番前
根岸五
竜泉一
下谷
警察署
下谷警察前
鷲神社前
千束（二）
台東区 ❷
根岸（五）
日暮里上宮病院
万徳寺
下谷三
金曽木小前
入谷（二）
東京東信金
ここまで
3km
芋坂
夏目漱石や田山花袋、正
岡子規らの作品にも登場
する坂。跨線橋を経由し
て谷中霊園に続いてい
る。坂の入口は羽二重団
子の本店の脇。
東日暮里二
朝日信金
下根岸稲荷
金曽木小
根岸（四）
金杉公園
柏葉中
西部区民（事）
金杉通り
下谷（三）
大正小前
大正小
いなげや
大覚寺

竹隆庵岡埜 本店
P59
不動尊
御行の松
②小野照崎神社
柳通り
下谷（二）
入谷（一）
田原町通り
昭和通り
東日暮里四東
根岸四
西念寺
嶺照院
スタート
ここまで
2km
世尊寺
西蔵院
永称寺
円光寺
ここまで
1km
第一勧業信組
千手院
英信院
入谷駅
法昌寺
泰寿院
正洞院
最上寺
法清寺

⑰入谷
鬼子母神
門前のだや
P59

東日暮里
（四）
根岸三
根岸一
要伝院
③入谷

❶入谷鬼子母神（眞源寺）
竹台高前
マルエツプチ
根岸小前
鶯谷駅下
華学園
東北・上越新幹線
入谷朝顔まつり
P187
上野郵便局

③ねぎし三平堂
国際理容美容
専門学校
羽二重団子
東日暮里五
根岸（二）
萩の湯
書道博物館
鶯谷駅前
元三島神社
鶯谷駅
④子規庵
山手線・京浜東北線
徳川家墓地
寛永寺陸橋
養寿寺
九条館
東北本線・高崎線・常磐線
下谷（一）
上野（七） ❹

谷中（七）
五重塔跡
安立院
徳川家墓地
谷中霊園
上野桜木
（二）
津梁院
上野桜木（一）
寛永寺霊園
文化財研究所
寛永寺
上野桜木二
京成本線
寛永寺
上野中
平成館
応挙館
九条館
東京国立博物館
（日本ギャラリー）
上野公園
（アジアンギャラリー）
本覚院
元光院
吉祥院
泉龍院
現龍院
修禅院
輪王寺
両大師堂
寛永寺
旧本坊表門
東洋館
旧本坊表門
日本学士院

🅐 日暮里駅へ
🅑 京成上野駅へ
🅒

❶ 入谷鬼子母神（眞源寺）
いりやきしもじん（しんげんじ）

江戸三大鬼子母神の一つ

江戸時代から「恐れ入谷の鬼子母神」と駄洒落にもされるほど広く知られる。角のない鬼という字は、鬼子母神が釈迦の説教で改心したという由来から。ご利益は安産・子育て。毎年7月6〜8日に入谷朝顔まつり（→P187）が開かれる。

☎03-3841-2569　🏠台東区下谷1-12-16
🕐10:00〜17:00　休無休　参拝自由
MAP P57C3

本堂には大きな提灯が掲げられている

下谷七福神の福禄寿も祀っている

日本最大規模の朝顔市

龍や獅子の彫刻が施された社殿。まゆ玉の形をしたおみくじもある

❷ 小野照崎神社
おのてるさきじんじゃ

歴史ある社殿や富士塚

祭神は平安時代の歌人、小野篁。慶応2年（1866）に建てられた社殿や、国の重要有形民俗文化財に指定されている富士塚などが残る。かつて渥美清が参拝したところ、『男はつらいよ』のオファーがきたといわれ、運気上昇のパワースポットとしても注目を集める。

☎03-3872-5514　🏠台東区下谷2-13-14
🕐休境内自由　MAP P57C3

❸ ねぎし三平堂
ねぎしさんぺいどう

昭和の爆笑王と再会できる

テレビ時代の申し子といわれた落語家、初代林家三平の博物館。机やメガネなどの愛用品やネタ帳、台本や衣装などゆかりの品を多数展示するほか、当時のテレビ映像なども流している。開館日は「ドーもすい（水）ません」の水曜と日曜のみ。

☎03-3873-0760　🏠台東区根岸2-10-12
🕐11:00〜16:00　休月・火・木〜土曜
入館1000円　MAP P57A4

展示室に高座があるのがユニーク。映像や音声展示も多く賑やか

日記やネタ帳などが何百冊と残る

3階建ての建物の3階が展示室

❹ 子規庵
しきあん

正岡子規が過ごした家
まさおかしき

正岡子規が、明治27年（1894）から亡くなるまで、母と妹とともに暮らしていた旧居。当時の建物は空襲によって昭和20年（1945）に焼失したが、昭和25年（1950）に当時生存していた門弟たちの尽力によりほぼ同じ間取りで再建されたもの。

☎03-3876-8218　⏠台東区根岸2-5-11　🕐10:30〜12:00、13:00〜16:00　㊡月・火・木・金曜（祝休日の場合は翌平日）、8・12・1月に休庵期間あり　💴入庵500円　MAP P57A4

部屋からの庭の眺めが美しい。東京都の指定史跡

❺ 台東区立一葉記念館
たいとうくりついちようきねんかん

小説家・樋口一葉を顕彰する記念館

24年間の短い生涯を送った、樋口一葉。記念館のある竜泉（当時は下谷龍泉寺町）は、一葉が母と妹と荒物駄菓子屋を営みながら暮らした土地。代表作『たけくらべ』はここでの体験を題材にして書かれた。一葉の草稿や書簡、下谷龍泉寺町を再現した模型などを展示。
りゅうせん
ひぐちいちよう

☎03-3873-0004　⏠台東区竜泉3-18-4　🕐9:00〜16:30
㊡月曜（祝休日の場合は翌平日）、年末年始、特別整理期間中
💴入館300円　MAP P57C1

モダンな造りの建物。記念館前の公園には記念碑などが建てられている

おさんぽの途中に！ 立ち寄りグルメ＆ショップ

🍴 入谷鬼子母神門前のだや
いりやきしもじんもんぜんのだや

熟練の技が生む極上うな重

腕利きの鰻職人が集まる調理師紹介所が営む。家元が自ら焼き上げる鰻は絶品。三河一色産の「葵のうなぎ」を使用した葵かねみつ重（特大）8030円（写真）など。

☎03-3874-1855　⏠台東区下谷2-3-1　🕐11:00〜14:00、17:30〜20:00　㊡月曜（祝日の場合翌日）、不定休あり　MAP P57C3

🛍 竹隆庵岡埜 本店
ちくりゅうあんおかの ほんてん

下町っ子に愛される茶菓子

台東区根岸に店を構えて半世紀以上。独自商品のこごめ大福1個300円が店の代名詞として知られる。よもぎと白の餅のなかには甘さ控え目のつぶし餡がたっぷり。

☎03-3873-4617　⏠台東区根岸4-7-2　🕐8:00〜17:00　㊡水曜　MAP P57B3

🛍 金太郎飴本店
きんたろうあめほんてん

どこを切っても同じ顔の飴

明治初期に飴売りの露店からスタート。名物の金太郎飴は、小棒1本205円、面切平袋入400円など。パンダ柄などのユニークな飴や季節限定品も揃う。

☎03-3872-7706　⏠台東区根岸5-16-12　🕐9:00〜17:30　㊡土・日曜、祝日（土曜は不定休）　MAP P57B1

9

東京
さくらトラム
（都電荒川線）

とうきょうさくらとらむ
（とでんあらかわせん）

昭和20年代には都内に40本ほどの
路線があったという路面電車。
その姿を今に伝える都電荒川線の沿
線には下町ムードが色濃く漂う。

⑤ 飛鳥山公園

Ⓐ 明

⑥ 飛鳥山3つの博物

学習院下

② 目白不動尊（金乗院）

めじろふどうそん（こんじょういん）

江戸五色不動の一つ。
墓地には江戸時代の「由
井正雪事件」の首謀者の
一人・丸橋忠弥の墓もあ
る。☎非公開

④ 妙行寺

③ 甘味処いっぷく亭

庚申塚

甘味処いっぷく亭

かんみどころ
いっぷくてい

ホームに直結
した甘味処。お
はぎセット495
円など。
☎03-3949-4574

新庚申塚

④ 妙行寺

みょうぎょうじ

境内に『東海道四谷怪
談』のお岩さんの墓があ
る。☎03-3915-1263

面影橋

① 甘泉園公園

かんせんえんこうえん

江戸時代の清水家の屋
敷跡。回遊式日本庭園が
残されている。
☎03-5273-3914
（新宿区みどり公園課）

① 甘泉園公園

[路線図（時間は概算）]

早稲田	面影橋	学習院下	鬼子母神前	都電雑司ヶ谷	東池袋四丁目	向原	大塚駅前	巣鴨新田	庚申塚
	1・5分	1・5分	2分	1分	2・5分	2・5分	2・5分	2分	2分

あらかわ遊園地・
小台橋　尾久橋　足立小台　隅田川　町屋六　足立区
寺島酒店　Ⓒ谷澤園　❼尾久八幡神社
荒川遊園地前　小台　尾久署　熊野前　尾久の原公園　東京都立大　荒木田
Ⓓ伊勢元酒店　火葬久署　熊野前　北豊島中・高　荒川区　❽荒川自然公園　千代田線
都電荒川線　町屋二丁目　町屋駅前　京成本線
日暮里・舎人ライナー　東尾久三丁目　町屋駅　荒川七丁目
赤土小学校前　町屋駅　荒川二丁目
西日暮里駅へ　西日暮里駅へ　新三河島駅へ
荒川区役所　Ⓔぱぱ・のえる　荒川区役所前　荒川一中前
荒川局　三ノ輪橋　常磐線　三ノ輪駅　南千住駅へ

❺飛鳥山公園
（飛鳥山）
あすかやまこうえん

江戸時代から続く桜の名所。☎03-5980-9210（飛鳥山公園管理事務所）

❻飛鳥山3つの博物館
（飛鳥山）
あすかやまみっつのはくぶつかん

飛鳥山公園内に隣接して立つ3つの博物館の総称。
☎03-3916-2320（紙の博物館）☎03-3916-1133（北区飛鳥山博物館）☎03-3910-0005（渋沢史料館）

❼尾久八幡神社
（宮ノ前）
おぐはちまんじんじゃ

鎌倉時代末期の創建と推定されている古社。8月の第1土・日曜に例大祭が行われる。
☎03-3893-1535

❽荒川自然公園
（荒川二丁目）
あらかわしぜんこうえん

白鳥の池や交通園、各種スポーツ施設などがある。
☎03-3803-4042

都電みやげもいっぱい！

左から
都電地ビール 330㎖430円
山廃純米酒 都電の街 300㎖580円Ⓓ

都電銘茶 100g1080円Ⓒ
※ほかにも各種あり

都電もなか 1両220円Ⓐ

都電ブレンド 200g1200円Ⓔ

川の手ウィスキー 都電エクセレンス 720㎖1980円Ⓑ

Ⓐ明美☎03-3919-2354
Ⓑ寺島酒店☎03-3893-4082
Ⓒ谷澤園☎03-3800-8881
Ⓓ伊勢元酒店☎03-3800-5959
Ⓔぱぱ・のえる☎03-3805-2408

新庚申塚	西ヶ原四丁目	滝野川一丁目	飛鳥山	王子駅前	栄町	梶原	荒川車庫前	荒川遊園地前	小台	宮ノ前	熊野前	東尾久三丁目	町屋二丁目	町屋駅前	荒川七丁目	荒川二丁目	荒川区役所前	荒川一中前	三ノ輪橋
1分	2分	2分	2分	2分	2分	1・5分	1・5分	1・5分	1・5分	1・5分	1・5分	1分	2・5分	1分	1分	1分	1分	1分	
●地下鉄三田線西巣鴨駅				●JR京浜東北線・地下鉄南北線王子駅							●日暮里・舎人ライナー熊野前駅			●京成線・地下鉄千代田線町屋駅					●地下鉄日比谷線三ノ輪駅

[問合せ]
☎03-3816-5700
（都営交通お客様センター）

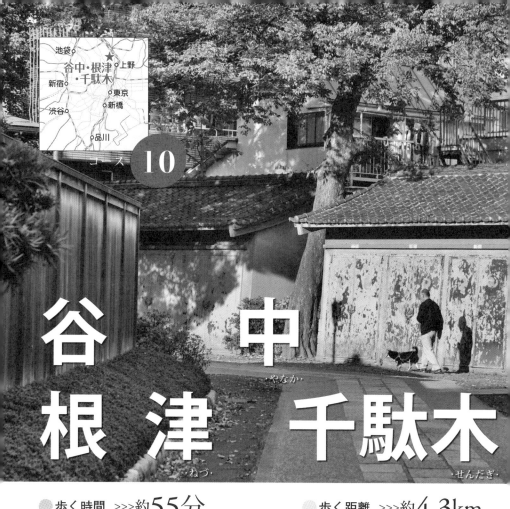

池袋
上野 ★
谷中・根津
・千駄木
新宿
東京
渋谷
新橋
品川

谷中
·やなか·
根津 千駄木
·ねづ· ·せんだぎ·

● 歩く時間 >>>約**55**分　　　　● 歩く距離 >>>約**4.3**km

START

日暮里駅

JR
山手線
常磐線
京浜東北線
京成本線
日暮里・
舎人ライナー

❶
台東区立
朝倉彫塑館

徒歩
5分

（所要30分）

❷
谷中銀座
商店街

徒歩
5分

（所要20分）

❸
全生庵

徒歩
12分

（所要10分）

徒歩
13分

30m >
15m >
高低差 0m >

日暮里駅

❶
❷
❸

距離 >**1**km

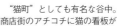

“猫町”としても有名な谷中。
商店街のアチコチに猫の看板が

人情味あふれるノスタルジックな下町

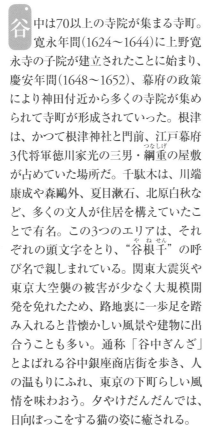

谷中は70以上の寺院が集まる寺町。寛永年間（1624〜1644）に上野寛永寺の子院が建立されたことに始まり、慶安年間（1648〜1652）、幕府の政策により神田付近から多くの寺院が集められて寺町が形成されていった。根津は、かつて根津神社と門前、江戸幕府3代将軍徳川家光の三男・綱重の屋敷が占めていた場所だ。千駄木は、川端康成や森鷗外、夏目漱石、北原白秋など、多くの文人が住居を構えていたことで有名。この3つのエリアは、それぞれの頭文字をとり、“谷根千”の呼び名で親しまれている。関東大震災や東京大空襲の被害が少なく大規模開発を免れたため、路地裏に一歩足を踏み入れると昔懐かしい風景や建物に出合うことも多い。通称「谷中ぎんざ」とよばれる谷中銀座商店街を歩き、人の温もりにふれ、東京の下町らしい風情を味わおう。夕やけだんだんでは、日向ぼっこをする猫の姿に癒される。

おさんぽアドバイス

最寄り駅は日暮里駅、千駄木駅、根津駅の3つ。今回のコースでは、ゴール地点も日暮里駅に設定しているので、帰路につく前に再び谷中銀座商店街に足を運び、夕やけだんだんで美しい夕景に浸るのもおすすめだ。

● おすすめ季節 >>> 春 🌸（4〜5月）

④ 根津神社

（所要30分）

徒歩15分

⑤ 台東区立下町風俗資料館付設展示場

（所要15分）
※2025年3月まで休館

徒歩2分

⑥ SCAI THE BATHHOUSE

（所要20分）

徒歩3分

⑦ 谷中霊園

（所要10分）

徒歩3分

GOAL

日暮里駅

JR
山手線
常磐線
京浜東北線
京成本線
日暮里・舎人ライナー

④　⑤⑥　⑦

>3km　>4km

日暮里駅

荒川区

文京区

台東区

スタート ゴール

① 台東区立 朝倉彫塑館

② 谷中銀座商店街

③ 全生庵

④ 根津神社 P186

⑤ 台東区立下町風俗資料館 付設展示場

⑥ SCAI THE BATHHOUSE

⑦ 谷中霊園

ここまで 1km

ここまで 2km

ここまで 3km

ここまで 4km

観音寺の土塀

延宝8年(1680)に現在地に移った観音寺。粘土と瓦を交互に積み重ねた土塀は、寺町・谷中を代表する風景だ。

へび道

上野の不忍池に注ぐ藍染川が流れていた場所。道がくねくねと蛇行していることから"へび道"と名付けられた。

三浦坂

岡山勝山藩主、三浦家の下屋敷があったことが名の由来。また、三崎坂と善光寺坂の中間に位置するため、別名は「中坂」。

千駄木(三)

西日暮里(三)

谷中(七)

谷中(五)

谷中(三)

谷中(四)

谷中(六)

谷中(二)

谷中(一)

千駄木(二)

根津(一)

根津(二)

池之端(四)

池之端(二)

池之端(三)

弥生(二)

カヤバ珈琲 P67

根津のたいやき P67

丁字屋 P67

団子坂上

文京区立森鴎外記念館

天王寺 P67

上野公園

東京大学

❶ 台東区立朝倉彫塑館
たいとうくりつあさくらちょうそかん

作品も建物も、みどころ豊富

　彫刻家・朝倉文夫が自ら設計・監督し、昭和10年(1935)に建てたアトリエ兼住居を利用。建物は国の登録有形文化財で、敷地全体は「旧朝倉文夫氏庭園」として国指定名勝。光と影への配慮が絶妙なアトリエをはじめ、書斎、中庭、屋上庭園、さらに和室の「朝陽の間」と「素心の間」など、建物にも注目を。

☎03-3821-4549　⊕台東区谷中7-18-10
⊕9:30〜16:30(入館は〜16:00)　⊛月・木曜
(祝休日の場合は翌平日)※臨時休館あり
⊛入館500円　MAP P64C2

左)もとは蘭の栽培のための温室だったという「蘭の間」にはさまざまな姿態の猫の彫刻が並ぶ

上)天井高8.5mの大きなアトリエには、代表作の『墓守』や『大隈重信像』などが展示されている
左)建物は鉄筋コンクリート造のアトリエ棟と、木造の住居棟からなる
※入館時は靴を脱ぎ、靴下で鑑賞(裸足、スリッパなどは禁止)

❷ 谷中銀座商店街
やなかぎんざしょうてんがい

今や観光名所の下町商店街

　台東区谷中3丁目と荒川区西日暮里にまたがる商店街。日暮里駅方面から「夕やけだんだん」とよばれる階段を下ったところにあり、60軒ほどの庶民的な店が軒を連ねる。夕方ともなれば買い物客で賑わい、昭和ノスタルジーな雰囲気に包まれる。最近では外国人旅行者にも大人気。

夕やけだんだんから見た谷中銀座

⊛⊕⊛散策自由
MAP P64B1

❸ 全生庵
ぜんしょうあん

山岡鉄舟ゆかりの寺

　明治16年(1883)、江戸開城の功労者である山岡鉄舟が幕末および明治維新で国事に殉じた人々の菩提を弔うために創建。鉄舟と交流があった落語家・三遊亭圓朝の墓もあり、圓朝が収集した幽霊画を所蔵。これは毎年8月の圓朝まつりに一般公開される(有料)。

☎03-3821-4715　⊕台東区谷中5-4-7
⊕境内自由　⊛無休　⊛参拝無料
MAP P64B2

江戸城の守り本尊だった葵聖観世音菩薩を本尊とする

❹ 根津神社
ねづじんじゃ

1900年余前に創祀された古社

　日本武尊が千駄木に創祀したといわれる。宝永2年（1705）、5代将軍徳川綱吉が旧地より遷座し現在の社殿を造営。権現造りの本殿、幣殿、拝殿など、7棟が国の重要文化財に指定されている。また、ツツジの名所としても有名。

☎03-3822-0753　⊕文京区根津1-28-9
⊕6:00〜17:00（夏期は5:00〜18:00）
⊛無休　⊕境内自由　MAP P64A3

左）約100種3000株のツツジが植えられ、4月中旬に見頃を迎える　右）境内にある乙女稲荷神社には、奉納された鳥居が立ち並ぶ

国の重文である楼門。右側の随身は水戸光圀公がモデルと伝えられている

樽の日本酒は枡や徳利で量って販売した

建物は築約100年

❺ 台東区立下町風俗資料館
付設展示場
たいとうくりつしたまちふうぞく
しりょうかんふせつてんじじょう

下町の商人文化を今に伝える

　江戸時代から代々酒屋を営んできた、吉田屋の建物を利用した展示場。軒下に張り出した桁などに江戸の商家建築の面影が残る。建物内には樽などの商売道具、明治時代の清酒会社のポスターや看板などが展示されている。2025年3月リニューアルオープン予定。

☎03-3823-4408
⊕台東区上野桜木2-10-6
⊕9:30〜16:30
⊛月曜（祝休日の場合は翌平日）
※2025年3月まで休館中
⊕無料
MAP P64C3

❻ SCAI THE
BATHHOUSE
すかいざ
ばすはうす

元銭湯がアートスポットに

　約200年の歴史をもつ銭湯「柏湯」を、現代美術ギャラリーに改装。天井が高い銭湯の特徴を生かした造りで、館内は開放的な空間が広がる。最先鋭の日本のアーティストを世界へ発信するとともに、海外の優れた作家を紹介。

☎03-3821-1144　⊕台東区谷中6-1-23
⊕12:00〜18:00　⊛日・月曜、祝日、展示替え期間中　⊕無料　MAP P64C3

銭湯らしさが残る建物

撮影：上野則宏　協力：SCAI THE BATHHOUSE

❼ 谷中霊園
やなかれいえん

数多くの著名人が眠る霊園

明治7年(1874)、主に天王寺の境内の一部を公営墓地として開設。約10万㎡の広さに7000基近い墓が並ぶ。第52〜54代総理大臣の鳩山一郎や、日本を代表する実業家・渋沢栄一など、有名人の墓も多い。幸田露伴の小説「五重塔」のモデルとなった天王寺五重塔跡が残る。

☎03-3821-4456(谷中霊園管理所)
🏠台東区谷中7-5-24　⏰休料園内自由　MAP P64C2

桜の名所としても親しまれている

近代日本画の巨匠、横山大観の墓もある

谷中霊園に眠る歴史人
■ 徳川慶喜(1837〜1913)
とくがわよしのぶ

江戸幕府第15代将軍。慶応3年(1867)に大政奉還し、翌年に明治新政府軍へ江戸城の明け渡しを行った。明治維新後は従一位勲一等公爵の爵位を受け、貴族院議員となった。

慶喜の墓はほかの将軍と異なり谷中霊園内の寛永寺墓所にある

観光クローズアップ

◎ 天王寺
てんのうじ

谷中霊園に隣接する界隈随一の古刹

創建は鎌倉時代。もとは感応寺という日蓮宗の寺院だったが、元禄11年(1698)に天台宗に改宗。のちに寺名も現在のものとなる。元禄13年(1700)から富くじが興行されると、目黒不動尊、湯島天神とともに「江戸の三富」として賑わった。

☎03-3821-4474
🏠台東区谷中7-14-8
⏰休料境内自由
MAP P64C2

谷中七福神の一つで、毘沙門天を祀っている

おさんぽの途中に！ 立ち寄りグルメ&ショップ

☕ カヤバ珈琲
かやばこーひー

根津で人気の甘味処

昭和13年(1938)の創業以来、東京藝術大学の学生に愛されている町家カフェ。梁や家具、座敷などほとんどが建造時のまま。コーヒー650円、名物のたまごサンド1300円。

☎03-4361-3115
🏠台東区谷中6丁29
⏰8:00〜18:00　休月曜(祝日の場合は翌平日)　MAP P64C3

🏠 根津のたいやき
ねづのたいやき

行列のできるたいやき

店頭で焼く鯛焼きは1個210円。パリッと焼き上げた皮の中に、北海道特選小豆で作った餡がぎっしり詰まっている。13時ごろには売り切れることもあるというからお早めに。

☎03-3823-6277(混雑時は応答不可)　🏠文京区根津1-23-9　⏰10:00〜売切れ次第閉店　休土・日曜、祝日(その他不定休)　MAP P64A3

🏠 丁子屋
ちょうじや

創業は明治28年(1895)

染物や洗い張りの店として創業。現在は、手ぬぐい860円〜やハンカチ400円〜といった和小物を中心に扱う。かつてはお守りを入れて持ち歩いていたという掛守は2375円〜。

☎03-3821-4064　🏠文京区根津2-32-8　⏰11:00〜18:00　休日〜火曜(祝休日の場合は翌平日)　※2024年春まで休業　MAP P64B3

柴又

・しばまた・

寅さんが息づく 人情味豊かな下町

コース **11**

北千住 / 上野 / 錦糸町 / 東京 / 新橋 / 小岩 / ★柴又

● 歩く時間 >>>
約**45**分

● 歩く距離 >>>
約**2.2**km

● おすすめ季節 >>>
春🌸(4〜5月)

日 本映画史に残る名作『男はつらいよ』の舞台として知られる葛飾柴又。老舗のだんご店や川魚の名店が軒を連ねる帝釈天参道を通り、柴又帝釈天へ。寅さんの世界そのままの郷愁あふれる風景があちらこちらに残っている。江戸川の土手に上ると、都内唯一の渡し船が川岸を往復する、のどかな光景が広がる。

（ おさんぽアドバイス ）

交通量が少なく歩きやすいエリア。葛飾柴又寅さん記念館へは葛飾区山本亭の庭を通って行くことができる。

START
柴又駅
京成電鉄 金町線

≫ 徒歩6分

① 柴又帝釈天
（所要20分）

≫ 徒歩5分

② 葛飾区 山本亭
（所要30分）

≫ 徒歩5分

③ 葛飾柴又 寅さん記念館
葛飾柴又寅さん記念館©松竹(株)
（所要30分）

≫ 徒歩12分

④ 矢切の 渡し
（所要10分）

≫ 徒歩17分

GOAL
柴又駅
京成電鉄 金町線

高低差 0m / 10m / 20m
柴又駅
① ② ③ ④
柴又駅
距離 > 1km　　> 2km

広域図は
P13へ

N

0   50m

1:7,000

柴又ピクニック広場

A **B** **C** **1**

江戸川

金町浄水場

都水道局金町浄水場

葛飾区

区立柴又グラウンド

社会体育会館

金町浄水場裏

4 矢切の渡し

矢切の渡し

真勝院(弁財天)

柴又(七)

P71 川千家

ここまで
2km

1 柴又帝釈天

題経寺 大客殿

矢切の渡し公園

2

八幡神社

柴又帝釈天前

帝釈天参道
P70

本堂

2 葛飾区山本亭

ここまで
1km

3 葛飾柴又寅さん記念館

ゑびす家

亀家
本舗

大和家 P71

柴又
ハイカラ横丁

髙木屋老舗 P71

柴又公園

帝釈天参道

雨宮
産婦人科

フーテンの寅像と見送るさくら像
P71

柴又公園

P

柴又少年野球場

3

柴又駅

スタート

ゴール

万福寺
(福禄寿)

山田洋次ミュージアム

映画『男はつらいよ』の
山田洋次監督にまつわる
さまざまな品を展示。監
督の半世紀にわたる軌跡
をたどることができる。

©松竹(株)

似顔絵コインランドリー

柴又の裏名所。店内の壁
一面が有名人の似顔絵で
埋め尽くされている。作
品はコインランドリーの
オーナーが描いたもの。

柴又(四) オリンピック

JA東京スマイル

柴又(六)

新柴又児童館

矢切駅へ

柴又小

柴又小東

ジョナサン

東柴又小

北総線

柴又(五)

マツモトキヨシ

瑠璃光院医王寺(恵比寿天)

A

B 新柴又駅

C

京成高砂駅へ

さくらみち

4

69

帝釈堂回廊の彫刻

罪を清める浄行菩薩

回廊式庭園の邃渓園

帝釈堂は総欅造。本尊の両脇には多聞天と持国天を安置

❶ 柴又帝釈天
しばまたたいしゃくてん

江戸時代創建の柴又の顔

正式名は経栄山題経寺といい、寛永6年（1629）創建。一時所在不明だった本尊の帝釈天が、安永8年（1779）の庚申の日に発見されたことから60日毎の庚申の日が縁日になった。寅さんが産湯につかったという御神水も必見。

☎03-3657-2886　⊕葛飾区柴又7-10-3　⊕境内自由（庭園・彫刻ギャラリーは9:00〜16:00）　⊕無休　⊕参拝自由（庭園・彫刻ギャラリー共通400円）　MAP P69B2

下町情緒あふれる
寅さんの心の故郷

● 帝釈天参道
たいしゃくてんさんどう

映画『男はつらいよ』で寅さんの妹たちが営む草だんご屋のある通り。柴又駅から帝釈天まで続く約200mの道沿いに、だんご屋、煎餅屋、飴屋など、40店ほどが軒を連ねる。名物の草だんごを食べながら、寅さん気分でぶらぶら歩いてみよう。

食べ歩きも帝釈天参りの楽しみの一つ　MAP P69A2

❷ 葛飾区山本亭
かつしかくやまもとてい

大正末期の邸宅でのんびり

実業家・山本氏の旧住居。大正末期から昭和初期に建てられた建物は、伝統的な書院造と洋風建築を融合した和洋折衷の造り。邸宅内で抹茶700円やぜんざい600円などが食べられ、庭園を眺めながら優雅な時間を過ごせる。

建物は木造瓦葺。約890㎡の書院庭園には約400本の樹木が植えられている

抹茶（和菓子付）をいただきながら、ほっとひと息

☎03-3657-8577　⊕葛飾区柴又7-19-32　⊕9:00〜17:00　⊕第3火曜（祝日の場合は翌日、12月は第3火〜木曜）　⊕入館100円　MAP P69B2

室内は壁がほとんどなく開放的

❸ 葛飾柴又寅さん記念館
かつしかしばまたとらさんきねんかん

『男はつらいよ』の世界を体感

寅さんのすべてが分かる記念館。ジオラマで生い立ちを再現したり、映画の名場面などを紹介。実際に撮影で使った寅さんの実家「くるまや」のセットや、「寅さんと楽しむ鉄道の旅」コーナーなど、家族で楽しめる記念館だ。

上)昭和30年代の柴又の街並みを再現 右)寅さんと鉄道の旅を

☎03-3657-3455　🏠葛飾区柴又6-22-19
🕘9:00〜17:00（入館は〜16:30）　🈺第3火曜
（祝休日の場合は翌日、12月は第3火〜木曜）
🈯入館500円　**MAP** P69B3

葛飾柴又寅さん記念館
Ⓒ松竹(株)

❹ 矢切の渡し
やきりのわたし

都内に現存する唯一の渡し場

矢切の乗船場の旗が運航の目印

江戸初期、地元民の足として幕府が設けた渡し場のうちの一つ。定員は30名だが、乗客が集まれば随時出発する。柴又と千葉県松戸市を約5分で結び、対岸の矢切は小説『野菊の墓』の舞台として知られる。

☎047-363-9357（矢切渡船）
🏠葛飾区柴又7-18
🕘10:00〜16:00　🈺雨天、荒天時
（7・8月は月・火曜不定休。12月〜3月中旬は平日休み）
🈯乗船片道200円　**MAP** P69C2

柴又

観光クローズアップ

◎ フーテンの寅像と見送るさくら像
ふーてんのとらぞう
とみおくるさくらぞう

柴又駅前に立つ
寅次郎像とさくら像

地元商店街と観光客の募金により平成11年（1999）にフーテンの寅像、平成29年（2017）に見送るさくら像が建てられた。足元には山田洋次監督の言葉が刻まれている。

🏠葛飾区柴又4-8-14
🕘見学自由
MAP P69A3

Ⓒ松竹(株)

駅を降りると、ほぼ等身大の寅さんとさくらの銅像がお出迎え

おさんぽの途中に! 立ち寄りグルメ&ショップ

🍴 川千家
かわちや

寅さんも訪れた名店

『男はつらいよ』にも登場する、鰻やコイを使った川魚料理が自慢の老舗。創業時から受け継ぐ秘伝のタレで焼き上げる鰻は、うな重定食4000円〜などで味わえる。

☎03-3657-4151
🏠葛飾区柴又7-6-16
🕘11:00〜18:00
🈺無休　**MAP** P69A2

🍴 大和家
やまとや

継ぎ足しのタレが絶品

明治18年（1885）創業。山田洋次監督やスタッフがロケの合間に食べた天丼（上）1760円は、大ぶりの海老が2尾のってボリューム満点。濃いめのタレが衣とよく合う。

☎03-3657-6492
🏠葛飾区柴又7-7-4　🕘11:00〜16:00LO（土・日曜、祝日は〜16:30LO。店頭販売は9:30〜）　🈺不定休　**MAP** P69A2

🛍 髙木屋老舗
たかぎやろうほ

寅さんの実家のモデル

『男はつらいよ』に登場する「くるまや」のモデルとなった店。名物はコシヒカリにヨモギの新芽を練り込んだ草だんご。みやげ用は12粒入り800円〜、店内ではひと皿（2串）500円〜でいただける。

☎03-3657-3136
🏠葛飾区柴又7-7-4　🕘9:00〜17:00　🈺無休　**MAP** P69A2

コース 12

最先端の街の隠れた素顔を求めて

銀座
・ぎんざ・

● 歩く時間 >>>
約60分

● 歩く距離 >>>
約3km

● おすすめ季節 >>>
春🌸 (4~5月)

明治初期に煉瓦の街造りが始められて以来、常に最先端の文化や風俗を吸収し、発展してきた銀座。裏通りも含めてじっくり歩いてみると、洗練された街並みの随所に、その時代時代の名残が今も色濃いことがよく分かる。基本ルートを参考に、ときには路地に迷い込みながら、気の向くままに散策してみよう。

(おさんぽアドバイス)

中央通り（銀座通り）の歩行者天国は土・日曜、祝日の12:00～17:00（4～9月は～18:00）。この日に散策すると歩きやすい。

START
有楽町駅
地下鉄 有楽町線
JR 山手線
京浜東北線

>> 徒歩5分 >>

① 数寄屋橋公園
（所要10分）

>> 徒歩10分 >>

② 資生堂ギャラリー
（所要10分）

>> 徒歩1分 >>

③ 豊岩稲荷神社
（所要5分）

>> 徒歩15分 >>

④ 歌舞伎座
（所要60分）

>> 徒歩5分 >>

⑤ 和光
（所要10分）

>> 徒歩20分 >>

GOAL
有楽町駅
地下鉄 有楽町線
JR 山手線
京浜東北線

10m > 有楽町駅 ①
5m >
高低差 0m >

距離 > 1km > 2km

② ③ ④ ⑤ 有楽町駅

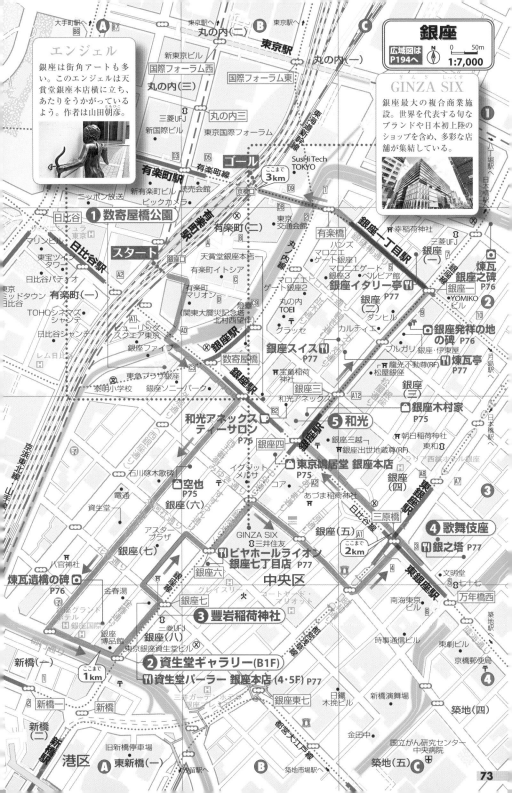

銀座

エンジェル

銀座は街角アートも多い。このエンジェルは天賞堂銀座本店横に立ち、あたりをうかがっているよう。作者は山田朝彦。

GINZA SIX

銀座最大の複合商業施設。世界を代表する旬なブランドや日本初上陸のショップを含め、多彩な店舗が集結している。

東京駅へ→
大手町駅へ→
丸の内(二)
東京駅へ→
東京駅へ→
丸の内(一)
新東京ビル
国際フォーラム西
国際フォーラム東
丸の内(三)
三菱UFJ
丸の内三
新国際ビル
東京国際フォーラム
有楽町駅
有楽町線
ゴール
ここまで 3km
SuSHi Tech TOKYO
京橋
幸稲荷神社
銀座一丁目駅
三菱UFJ
銀座(一)
ニッポン放送
新有楽町ビル 読売会館
ビックカメラ
東京交通会館
有楽橋
ハンズ
煉瓦之碑 P76
YOMIKOビル

① 数寄屋橋公園

日比谷
スタート
銀座口
マロニエゲート銀座1
マロニエゲート銀座
マロニエ3 ベルビア館
銀座イタリー亭 P77
銀座(一)
銀座(二)
ダンヒル
煉瓦亭 P77

マリンビル
東宝ツインタワー
日比谷パティオ
東京ミッドタウン日比谷
TOHOシネマズシャンテ
日比谷シャンテ
レム日比谷
日比谷駅
天賞堂銀座本店
有楽町イトシア
有楽町マリオン
(関東大震災記念碑)
丸の内TOEI
グラッセ
カルティエ
銀座(二)
銀座スイス P77
ブルガリ 銀座・伊東屋
龍岡不動尊(RF)
松屋銀座
煉瓦亭 P77
銀座発祥の地の碑 P76

ビューリンダスクエア東京
銀座駅
数寄屋橋
銀座駅
宝童稲荷神社
銀座三
銀座(三)

東急プラザ銀座
泰明小学校
銀座ソニーパーク
銀座ファイブ
和光アネックス
和光アネックスティーサロン P75

⑤ 和光
銀座三越
朝日稲荷神社(RF)
銀座木村家 P75
東和
銀座(四)

石川啄木歌碑
空也 P75
銀座(六)
イグジットメルサ
コア
東京鳩居堂 銀座本店 P75
あづま稲荷神社
三原橋
銀座(五)

電通
資生堂
アスタープラザ
GINZA SIX
三井住友
ここまで 2km

④ 歌舞伎座
銀之塔 P77

銀座(七)
ビヤホールライオン 銀座七丁目店 P77
銀座六
中央区
文明堂
七十七
万年橋西

八官神社
煉瓦遺構の碑 P76
金春湯
銀座グランドホテル
銀座国際
銀座七
③ 豊岩稲荷神社
グレイスリー
コートヤード・マリオット
南海東京ビル
時事通信ビル
東劇ビル
東銀座駅
京橋郵便局

銀座博品館
三菱UFJ
銀座(八)
東京銀座資生堂ビル
② 資生堂ギャラリー(B1F)
資生堂パーラー 銀座本店(4・5F) P77
ここまで 1km

新橋(一)
新橋
新橋一
新橋(二)
三井ガーデン
銀座東七
日鐵木挽ビル
新喜演舞場
築地(四)

旧新橋停車場
金田中
築地(五)

港区
A 東新橋(一)
B 築地市場駅へ→
C
国立がん研究センター中央病院
都営大江戸線

❶ 数寄屋橋公園
すきやばしこうえん

岡本太郎の作品が目を引く

かつて江戸城外堀に架かる数寄屋橋があった地。この橋は戦後、ラジオドラマ『君の名は』で有名になったが、外堀が埋め立てられた際に撤去された。原作者菊田一夫の筆による「数寄屋橋此処にありき」の碑がある。

☎03-3546-5435（中央区環境土木部水とみどりの課公園河川係）
🏠東京都中央区銀座5-1-1・4-1-2
🕐休料入園自由
MAP P73A2

園内には岡本太郎作の『若い時計台』が立つ

「第八次椿会 ツバキカイ8 このあたらしい世界 "ただ、いま、ここ"」2023年 撮影：加藤健

❷ 資生堂ギャラリー
しせいどうぎゃらりー

資生堂ならではの "美"

大正8年（1919）にオープンし、現存する画廊としては日本最古といわれている。銀座地区では最大級のスペースを誇り、天井の高さ約5mを超える2つの展示スペースをもつ。「新しい美の発見と創造」をテーマに、国内外の現代美術を中心に幅広いアートを紹介。

☎03-3572-3901　🏠中央区銀座8-8-3 東京銀座資生堂ビル地下1階　🕐入館無料　⏰11:00〜19:00（日曜、祝日は〜18:00）　休月曜　MAP P73A4

❸ 豊岩稲荷神社
とよいわいなりじんじゃ

縁結びのパワースポット in 銀座!

銀座1〜8丁目の「銀座八丁」に点在する神社の一つ。明智光秀の家臣が主家の再興を願って祀ったという伝説がある。古くから芸能関係者に崇敬され、現在は縁結びや恋愛成就の神様として知られており、特に縁結びを祈願する参拝客は全国から訪れる。

🏠中央区銀座7-8-14
🕐休料参拝自由
MAP P73A3

両脇にはおキツネ様が鎮座

ビルとビルの間の小路の奥にある

歩きたい散歩道

流行の発信地 銀座のストリート

「和光」が立つメインストリートの中央通りと並行し、約1kmにわたって延びる落ち着いた雰囲気の並木通りは、ルイ・ヴィトン、シャネル、ロエベなどのハイブランドショップが並び、ブランドストリートとしても有名。昭和の時代に独自のファッションスタイルの若者が集い、「みゆき族」という言葉が生まれたみゆき通りは、中央通りと交差する。ハイカラでハイセンスな風を感じて歩きたい。

歩道もきれいに整備された並木通り。郵便ポストもシックな色

風格たっぷりの正面玄関では記念撮影を

④ 歌舞伎座
かぶきざ

世界唯一、歌舞伎の専門劇場

　明治22年（1889）に開場した歌舞伎座。4度の建て替えを経て、5期目となる現在の歌舞伎座は、劇場はもちろん、高階層の歌舞伎座タワーを併設する。ギャラリーや屋上庭園、地下のショッピングスポット「木挽町広場」は、歌舞伎鑑賞以外の人も気軽に利用できる。

☎03-3545-6800　📍中央区銀座4-12-15
料時休施設により異なる　MAP P73C3
※歌舞伎鑑賞のチケット売り場は地下2階　時10:30～18:00

銀座

歌舞伎の魅力を親しみやすく紹介する歌舞伎座ギャラリー（5階）※2024年3月現在休館中。一部エリア無料開放

劇場の屋根の上に造られた回遊式の屋上庭園（5階）。料入園無料

おさんぽの途中に！　立ち寄りグルメ＆ショップ

🛍 空也
くうや

「もなかといえば空也」と評判

明治17年（1884）創業の和菓子店。人気のもなかはやや小ぶりで、10個入り1100円～。自家製つぶし餡とこがし皮の相性が抜群だ。数に限りがあるので事前に予約を。

☎03-3571-3304
📍中央区銀座6-7-19
時10:00～17:00（土曜は～16時）
休日曜、祝日　MAP P73B3

🛍 銀座木村家
ぎんざきむらや

あんぱんのおいしさを再認識

初代が考案した酒種あんぱんは、皇室に献上したこともある極上の味。もっちりとした皮と餡のバランスがいい。小倉あんぱん、うぐいすあんぱん各1個200円、季節限定の抹茶あんぱんなど種類も豊富だ。

☎03-3561-0091
📍中央区銀座4-5-7　時10:00～20:00　休無休　MAP P73B3

🛍 東京鳩居堂 銀座本店
とうきょうきゅうきょどうぎんざほんてん

寛文3年（1663）創業

お香や和小物・和文具、書画用品の老舗専門店。1階は人気のシルク刷りはがき121円～や和紙の便箋など、2階には鳩居堂オリジナルのお香や書画関連の品が並んでいる。

☎03-3571-4429
📍中央区銀座5-7-4
時11:00～19:00
休不定休　MAP P73B3

ネオ・ルネッサンス様式が美しい建物

❺ 和光
わこう

時計塔は銀座のシンボル

銀座四丁目交差点に本店を構える高級品専門店。明治14年（1881）に創業した服部時計店から小売部門を継承して創立された。本店内は和光企画品や厳選した輸入品のウオッチ、革小物など、全5フロアで展開している。品物はもちろん、サービスの質の高さにも定評がある。

本店4階の紳士用品のフロア

☎03-3562-2111
🏠中央区銀座4-5-11
🕐11:00〜19:00　🈡無休
MAP P73B3

和光の並びにはティーサロンも
● 和光アネックスティーサロン
わこうあねっくすてぃーさろん

ガラス張りの店内は明るくエレガントな空間。豊富なデザート類や、季節のパフェなどを楽しみつつ、くつろぎのひと時を過ごせる。

☎03-5250-3100
🏠中央区銀座4-4-8 和光アネックス2階　🕐10:30〜19:00 LO（日曜、祝日は〜18:30LO）
🈡無休
MAP P73B3

ケーキもバラエティ豊か

歴史を学ぶ

◎ "銀座"の地名発祥からハイカラな街へ

銀座の地名は、徳川幕府が駿府にあった銀貨鋳造所を慶長17年（1612）に、この地に移転したことに由来する〈銀座発祥の地の碑〉。町名は新両替町だったが、通称で銀座町とよばれ、明治2年（1869）に正式の町名になった。

東海道の一部だった銀座は、大店が軒を連ね賑やかな時代もあったが、大きく変貌したのは、明治5年（1872）の大火で焼野原になった後。明治政府は、西洋風の不燃建築街にすることを決定し、煉瓦の街造りが進められた。道路幅は拡張され碁盤の目に整備された。車道と分離された歩道は煉瓦敷〈煉瓦銀座之碑〉で、ガス灯が灯され、街路樹が植えられた。

明治5年（1872）は新橋〜横浜間に鉄道が開通。西洋からの輸入品や洋食、洋服、鞄、家具などを扱う商店が並ぶ西洋風の街歩きが楽しめる煉瓦街〈煉瓦遺構の碑〉が誕生した。この煉瓦街は、大正12年（1923）の関東大震災で焼失するが、今も最先端のおしゃれな街・銀座のルーツがここにある。

煉瓦遺構の碑 MAP P73A4

煉瓦銀座之碑 MAP P73C2

銀座発祥の地の碑 MAP P73C2

銀座の伝統あるレストラン

ここ銀座には店そのものが"銀座の歴史"を物語る老舗レストランが多い。
初代から守り継がれた、こだわりのメニューをぜひ楽しみたい。

🍽 ビヤホールライオン 銀座七丁目店
びやほーるらいおん ぎんざななちょうめてん

**現存する国内最古の
ビヤホールは内装もお洒落**

創建時の面影を残す店内で、自慢の生ビールと多彩な料理を楽しめる。半世紀以上前のガラスモザイク壁画などの装飾も必見。ビールはサッポロ生ビール黒ラベル小グラス660円など。

☎03-3571-2590　⊕中央区銀座7-9-20　⊕11:30〜22:00(金・土曜、祝前日は〜22:30)　⊛無休
🗺P73B3

【昭和9年(1934)創業】ビヤホール定番のソーセージ盛り合わせ3608円

🍽 煉瓦亭
れんがてい

**世代を超えて愛される
日本の洋食店のパイオニア**

フランス料理を日本人向けにアレンジした初代は、数多くの洋食メニューを生み出した。なかでもポークカツレツはとんかつの元祖とも称され、訪れる多くの客がオーダーする名物。

☎03-3561-3882　⊕中央区銀座3-5-16　⊕11:15〜15:00(14:00LO)、17:30〜21:00(20:00LO)　⊛日曜
🗺P73C2

【明治28年(1895)創業】元祖ポークカツレツ2800円(単品)

🍽 銀座スイス
ぎんざすいす

**カツカレー発祥の洋食店
ファミリーにもおすすめ**

オープン当時、巨人軍の千葉茂選手が「カレーライスにカツをのせて」とオーダーして誕生したのがカツカレー。おすすめは、ロースカツを使用した千葉さんのカツレツカレー2420円(スープ付)。

☎03-3563-3206　⊕中央区銀座3-4-4 2階　⊕11:00〜20:30LO　⊛無休　🗺P73B2

【昭和22年(1947)創業】ボリュームたっぷりのカツカレーは定番中の定番

🍽 銀之塔
ぎんのとう

**歌舞伎役者を魅了する
極上のシチューとグラタン**

メニューはビーフ・ミックス・野菜のシチュー各2950円とグラタン2100円のみ。どれも小鉢2品と漬物、ご飯が付く。風情ある建物は、戦前は質屋の蔵だったものを改装している。

☎03-3541-6395　⊕中央区銀座4-13-6　⊕11:30〜20:00　⊛無休　🗺P73C3

【昭和30年(1955)創業】牛肉と牛タン入りでボリュームあるミックスシチュー

🍽 資生堂パーラー 銀座本店レストラン
しせいどうぱーらー ぎんざほんてんれすとらん

ハイカラな洋食の名店

明治35年(1902)開業のソーダファウンテンが起源。3代目総調理長考案のミートクロケット3100円(サービス料別)は、フランス風のコロッケ。

☎03-5537-6241　⊕中央区銀座8-8-3 東京銀座資生堂ビル4・5階　⊕11:30〜20:30LO　⊛月曜(祝日の場合は営業)　🗺P73A4

【昭和3年(1928)開業】ベシャメルソースと仔牛肉やハムで仕上げている

🍽 銀座イタリー亭
ぎんざいたりーてい

**古きよき銀座の面影を残す
老舗イタリア料理店**

長時間煮込んだミートソースを使って作る特製ナスのグラタン1870円やスパゲッティなど、どの料理もどこか懐かしい昔ながらの味。昭和の風情が残るノスタルジックな空間も魅力的だ。

☎03-3564-2371　⊕中央区銀座1-6-8　⊕11:30〜15:30(15:00LO)、17:00〜22:30(22:00LO)※日曜、祝日の夜は〜22:00(21:00LO)　⊛無休　🗺P73C2

【昭和28年(1953)創業】ランチのナポリタン1430円(平日は1200円)

築地
つきじ

月島 佃島
・つきしま ・つくだじま

● 歩く時間 >>> 約1時間35分 　　● 歩く距離 >>> 約4.7km

START
築地駅

地下鉄
日比谷線

徒歩4分

❶
築地本願寺

（所要15分）

徒歩18分

❷
築地
場外市場

（所要30分）

徒歩8分

❸
波除
稲荷神社

（所要10分）

徒歩7分

20m
10m
高低差 0m

築地駅

❶ ❷ ❸ ❹

距離 > 1km > 2

市場移転後も賑わう 築地から佃煮発祥地へ

活気あるかけ声や対面販売も
築地場外市場の魅力

おさんぽアドバイス

最寄り駅は築地駅だが、有楽町線新富町駅や大江戸線築地市場駅なども利用できる。築地は早めに閉める店も多いので、13:00ごろまでには訪れたい。月島が賑わうのは夕方以降なので、月島駅を終着点にするのもいい。

埋立地の意味をもつ「築地」という地名は、明暦3年（1657）の大火で焼失した浅草の西本願寺（現在の築地本願寺）を再建するための代替地として、佃島の住人が海を埋め立て、土地を築いたことから付いたという。明治初期には外国人居留地が設けられ、昭和10年（1935）には日本橋にあった魚市場がこの地に移ってきた。この市場は平成30年（2018）に豊洲に移転したが、鮮魚店や飲食店、各種食材の店などがひしめく築地場外市場は営業を継続。今も多くの観光客が訪れている。勝どき橋を渡った月島、佃島は近代的なビルが立ち並ぶ再開発エリア。川と海に挟まれた水辺に超高層マンションが次々と建設される一方、一歩路地へ入ると昭和初期に建てられた木造住宅が軒を連ねている。もんじゃと佃煮の香りが漂う、懐かしい下町の風景が残っている。

● **おすすめ季節** >>>秋 🍁 （9〜11月）

❹ 勝どき橋	❺ 月島もんじゃストリート	❻ 住吉神社	❼ 佃大橋	GOAL 築地駅
				地下鉄 日比谷線
（所要10分）	（所要30分）	（所要10分）	（所要10分）	

徒歩15分　徒歩17分　徒歩7分　徒歩18分

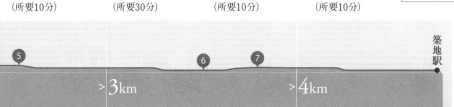

3km　4km

築地・月島・佃島

広域図は
P198へ

N
0 100m
1:14,000

A | B | C

京橋（一）

日本橋駅へ

茅場町駅へ

新川大神宮

東西線

八丁堀（一）

新川（一）

京橋（二）

八丁堀（二）

ホテルサードニクス東京

永代橋西

八丁堀（三）

明正小

新川二

田宮神社

京華スクエア

八丁堀駅

住友ツイン
ビルディング

京橋消防署

八丁堀（四）

新川（二）

桜橋

入船（一）

東京駅

京葉線

越中島駅へ

築地にっぽん漁港市場
水産事業者や漁協などによる産直市場で、全国各地の魚や朝どれの鮮魚などが揃う。一般客向けの営業は9時以降。

三菱UFJ

新富局

新富（一）

入船（二）

月島開運観世音
信州善光寺の別院として昭和26年（1951）に建立。敷地の再開発計画により、現在の月島温泉ビルの1階に移転。

新富（二）

入船（三）

パリ広場

中央大橋

石川島公園

新富町駅

入船橋

湊（三）

中央大橋南詰

築地（二）

7 佃大橋

ここまで
4km

6 住吉神社

大川端
リバーシティ21

キャピタルホテル茜

明石小

明石町

佃大橋

佃（一）

佃島小

佃（二）

築地（一）

デニーズ

築地
カトリック教会

佃公園

佃中

ゴール

スタート

築地四

築地（三）

聖路加国際大

聖路加国際病院

中央区

佃小橋

石川島記念病院

佃二

東劇ビル

1 築地本願寺

聖路加ガーデン

銀座クレストン

於咲稲荷

天安本店
P83

佃（三）

築地（四）

市場橋

法重寺

11 刺身BAR 河岸頭 P83

あかつき公園

旭倉庫

月島（一）

ここまで
3km

国立がん
研究センター
中央病院

2 築地場外市場

築地（七）

月島もんじゃ振興会協同組合

月島駅

だし尾粂

築地六

はとば公園

築地製造所 P83

築地（六）

水神社

海軍経理学校の碑

ここまで
1km

かちどき橋の資料館

4 勝どき橋

ここまで
2km

月島（三）

初見橋

3 波除稲荷神社

つきじ獅子祭
P186

デニーズ

本芳亭

清澄通り

ジョナサン

月島（二）

月島

都立晴海
総合高

築地
（五）

勝どき
（一）

5 月島もんじゃストリート

11 はざま本店 P83

東京
都立大

シーボルト像
長崎の鳴滝塾で日本の若者を指導したシーボルト。明治初期〜中期、この一帯に外国人居留地があったことから建立された。

月島第二幼小前

月島二小

勝どき駅

月島一小

月島四

晴海中

勝どき（三）

都営大江戸線

三菱UFJ

月島（四）

東京ビュック

晴海（一）

旧西仲通交番
現存するものでは警視庁最古の交番。レトロな建物は大正15年（1926）築。現在は地域安全センターとして使用。

勝どき湯

勝どき（二）

晴海アイランド
トリトンスクエア

東陽院

勝どき（四）

晴海（二）

月島倉庫

マルエツ

晴海パークビル新館

勝どき（六）

東京海員会館

L stay & grow晴海

晴海（三）

晴海三

豊海町

豊海小

晴海（一）

月島警察署

晴海臨海公園

豊海運動公園

晴海（五）

晴海（四）

ホテルマリナーズコート東京

A | B | C

建築家の伊東忠太が設計し、2014年国の重要文化財に指定された本堂

❶ 築地本願寺
つきじほんがんじ

インド仏教様式の寺院

築地のランドマークの一つ。元和3年(1617)、京都の西本願寺の別院として浅草横山町に創建したが、明暦の大火で建物を焼失し、築地に移転した。現在の本堂は古代インド・アジア仏教建築を模した建物で、関東大震災後に再建されたもの。随所に動物のレリーフが施されている。

☎0120-792-048 ⊕中央区築地3-15-1 ⊕6:00〜17:30(10〜3月は〜17:00) ⊕無休 ⊕拝観無料
MAP P80A2

インドでは神聖な動物として崇められている牛の像。本堂入口にある

❷ 築地場外市場
つきじじょうがいしじょう

"食"に関する店がひしめくように並ぶ

鮮魚、塩干物、練製品、かつお節、肉類、玉子焼きといった食品店と、包丁や食器などの調理関連用品店、さらに多彩な飲食店が密集。魚介市場に加えてフードコートも備えた「築地魚河岸」などもあり、"食のまち"として賑わう。

☎03-3541-9444(築地食のまちづくり協議会)
⊕中央区築地
⊕店舗により異なる
⊕店舗により異なる
MAP P80A2

上)店頭の魚介類は新鮮で価格も手頃

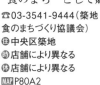

上)生鮮食品のほか、加工食品や惣菜などの店も並ぶ
左)店頭でのマグロの解体が見られることもある

❸ 波除稲荷神社
なみよけいなりじんじゃ

市場関係者の信仰が篤い

昭和12年（1937）建立の社殿。金梨地塗りの獅子頭一対が納められている

江戸時代から「災難を除き、波を乗り切る」稲荷として信仰を集める。神明造の社殿のほか、高さ2.2mのお歯黒獅子を祀る弁財天社や、舌の上に「願い串」を納めると願い事が叶うという厄除天井大獅子も必見。市場関係の供養塚も多い。6月にはつきじ獅子祭を開催（→P186）。

☎03-3541-8451　⊕中央区築地6-20-37
飯休料境内自由
MAP P80A3

橋梁上に運転室や宿直室など、4つの部屋がある。築地側のたもとには、かちどき 橋の資料館がある

アーチの開閉部分には、人の往来を止めるための信号機が設置されている

❹ 勝鬨橋
かちどきばし

隅田川唯一の跳ね橋

昭和15年（1940）に完成した、長さ約246mの双葉跳開橋。最盛期には1日5回、20分ずつ開き、大型船舶が往来していた。橋上の交通量が増加したため、昭和45年（1970）以降は「開かずの橋」となっている。国指定重要文化財。

☎03-3542-0682
（東京都第一建設事務所）
⊕中央区勝どき　MAP P80B3

❺ 月島もんじゃストリート
つきしまもんじゃすとりーと

東京もんじゃの発祥地

はざま本店のもんじゃ

もんじゃ発祥の地、月島の西仲通りの通称。全長約500mの通りを中心に70軒以上の店が立ち並ぶ。路地裏の下町情緒あふれる住宅も魅力。月島駅近くにある月島もんじゃ振興会協同組合の案内所では、無料マップの配布やオリジナル月島グッズなどを販売している。

☎03-3532-1990（月島もんじゃ振興会協同組合）
⊕中央区月島　飯休店舗により異なる
MAP P80B3〜C3

お店選びに迷ったら案内所へ行ってみよう

❻ 住吉神社
すみよしじんじゃ

漁師が崇めた佃島の鎮守

家康の命で摂津国佃村(現大阪市)の漁師が江戸へ下った際、大坂の田蓑神社から分霊したのが起こり。海上安全、渡航安全の神として海運業者などから信仰を集めた。例大祭では八角神輿を船に載せる船渡御が行われる。

上)扁額は有栖川宮幟仁親王の筆　右)佃島の風景が彫られた水盤舎

☎03-3531-3500　🅑中央区佃1-1-14
🕐🅗🅟境内自由　MAP P80C2

全長約476m、3年足らずで完成

☎03-3542-0682
(東京都第一建設事務所)
🅑中央区佃
MAP P80C2

❼ 佃大橋
つくだおおはし

隅田川の渡船場跡に架かる橋

東京オリンピック開催に備え、昭和39年(1964)に架橋。当時の土木技術の粋を集めた、戦後の復興を象徴する橋。それまでは320年以上にわたり「佃の渡し」が庶民の足として活躍していた。両岸に渡し跡の碑が残る。

歴史を学ぶ

江戸の味を伝える 佃煮発祥の地

江戸時代、漁民の町だった佃島。湾内で獲れた小魚類を甘辛く醤油煮にした保存食が評判となり、その地名から佃煮とよばれるようになった。現在も佃煮専門店が数軒点在する。

●歴史にゆかりの店
天安本店
てんやすほんてん

天保8年(1837)創業の佃煮の老舗。秘伝の煮汁を継ぎ足し、夏は辛め、冬は甘めに仕上げている。佃煮は約20種類。詰め合わせ6品2400円～。

☎03-3531-3457　🅑中央区佃1-3-14
🕐9:00～18:00　🅗無休　MAP P80C2

おさんぽの途中に! 立ち寄りグルメ&ショップ

🍴 刺身BAR 河岸頭
さしみばー かしがしら

テレビや雑誌でも話題沸騰

築地でもなかなか食べられない稀少な魚を仕入れている。2段重ねの築地場外丼4200円(写真)や、イクラが壺からあふれる壺いくら丼2800円などボリューム満点。

☎03-6383-4597　🅑中央区築地4-12-2 ライオンズマンション東銀座地下1階　🕐11:00～14:00、18:00～22:30LO(日曜は昼のみ営業)
🅗無休　MAP P80A2

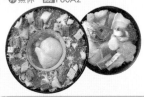

🍴 はざま本店
はざまほんてん

ユニークなもんじゃが揃う

トマトバジルもんじゃ1700円など、変わり種もんじゃが豊富。一番人気は魚介類がたっぷりのった、はざまスペシャルもんじゃ1800円。チーズなど、トッピングはお好みで。

☎03-3534-1279　🅑中央区月島3-17-8　🕐11:00～22:00(平日～17:00は不定。要確認)　🅗月・火曜(ほか不定休あり)　MAP P80B3

🛍 だし尾粂 築地製造所
だしおくめ つきじせいぞうしょ

自分だけのだしパックを作ろう

明治4年(1871)創業の乾物問屋が営むだし専門店。24種類の原料から、自分だけの配合でだしパックを作れるオーダーメイドだしパック30袋×2パック4368円～が名物。

☎03-6260-6922　🅑中央区築地6-26-1築地魚河岸小田原橋棟W02　🕐8:00～15:00　🅗築地魚河岸に準ずる　MAP P80A3

コース14 深川・ふかがわ・

2大寺社で栄えた江戸随一の門前町

● 歩く時間 >>>
約1時間35分

● 歩く距離 >>>
約4.5km

● おすすめ季節 >>>
夏 (7〜9月)

江戸時代、深川不動堂と富岡八幡宮の門前町として栄えた深川。人情が息づく街の雰囲気は今も変わらず、活気にあふれている。とくに毎月行われる深川不動堂の縁日と、富岡八幡宮の骨董市では賑わいも最高潮だ。清澄庭園あたりから森下にかけては、街なかを流れる川が風情ある光景を演出してくれる。

おさんぽアドバイス

門前仲町駅から森下駅までのロングコースだが、平坦な道が続くので歩きやすい。川や緑が多く、景色の変化に富んでいる。

START 門前仲町駅	❶ 深川不動堂	❷ 富岡八幡宮	❸ 清澄庭園	❹ 芭蕉庵史跡展望庭園	GOAL 森下駅
地下鉄 大江戸線 東西線	徒歩15分 (所要15分)	徒歩8分 (所要15分)	徒歩35分 (所要30分)	徒歩12分 (所要5分)	徒歩25分
					地下鉄 大江戸線 新宿線

深川

広域図はP195へ

0 100m

1:10,000

菊川駅 A3

住吉駅へ

新大橋

新大橋

営新宿線

A

森下駅 A4

みの家 P87

新大橋通り

B

森下駅前

アイエスケー

C

森下（三）

森下（四）

森下五

墨田工科高

新高橋

大富橋

新富橋

ゴール

森下（一）

A6

A7

森下（二）

東京東信金 森下公園

東京東信金

森下四

深川一中

新高橋

芭蕉記念館 P87

八名川小

八名川稲荷

深川神明宮

ここまで 4km

深川小

常盤一

橋のらくスート

都営大江戸線

森下三

高橋

江東区

白河三

富岡八信金

元加賀小

旧東京市営店舗向住宅

関東大震災の復興事業として、昭和3年（1928）に完成。かなり老朽化しているが、当時のモダンな意匠はそこかしこに。

ときわ湯

常盤（一）

常盤（二）

東深川橋

マルエツ

2

芭蕉稲荷神社 P87

小名木川

白河（一）

清澄白河駅

④ 芭蕉庵史跡展望庭園

清澄白河駅

白河（二）

白河（三）

萬年橋

深川稲荷

ここまで 3km

ケイ・インターナショナルスクール

深川資料館通り

深川宿 本店 P87

現代美術館前

萬年橋南

清澄三

A2

清澄白河駅

江戸資料館東

深川江戸資料館東

良信院

現代美術館

美術館通り

清洲橋通り

デニーズ

江戸院

臨川寺

常照院

宝巌寺

霊巌寺

白河

深川江戸資料館

善徳寺

言問院

雲光院

東京都現代美術館

P9

ソウ

中村学園高・中

本誓寺

江東区深川江戸資料館

雄松院

正覚院

三好（一）

三好（二）

三好（三）

清澄（二）

大正記念館

清澄（三）

白河

不動院

華厳院

雙輪寺

摂心院

深川六中

多目的広場

3

松永橋

③ 清澄庭園

涼亭

清澄橋

法性寺

圓隆院

唱行寺

一乗院

菩応院

三好

野外ステージ

木場公園大橋

福住（二）

住友生命 清澄パークビル

深川図書館

玉泉院

本立院

菩応院

ここまで 2km

海辺橋

平野（一）

珠光院

平野

末広橋

亀堀公園北 コーナン

深川（一）

正覚寺

木更木橋北

木更木橋

平野（二）

都立木場公園前

末広橋

深川（一）

増林寺

寒光禅寺

仙台堀川

木場（三）

八幡橋（旧弾正橋）

旧弾正橋は国産第1号の鉄橋。昭和4年（1929）、現在地に移築され八幡橋と改称。今も人道橋として使われている。国の重文。

一（一）

心行寺

明治小

木更木橋南

深川二中

亀久橋

木場公園

深川（二）

冬木

冬木弁天堂

亀久橋

深川一

法乗院 玄信寺

陽岳寺

葛西橋通り

大和橋

日永代ビル

平久川

門前仲町（一）

深川華 P87

大和総研

日永代ビル

和倉橋

鶴歩橋西

鶴歩橋

木場（三）

人情深川ご利益通り

深川不動堂（→P86）の仲見世。150mほどの参道に、菓子店や甘味処など約40店並ぶ。縁日には露店も出てさらに賑わう。

門前仲町（一）

赤札堂 東天紅

① 深川不動堂

深川公園

② 富岡八幡宮

P87

深川八幡祭（富岡八幡宮例祭）P86・P187

清水建設 東京木工場

木場公園

スタート

門前仲町駅

A

深川華 P87

永代寺

富岡（一）

赤札

七渡弁天社

デイリースポーツ

八幡橋東

ここまで 1km

木場（二）

牡丹（一）

木場駅へ

B 富岡（二）

C

新本堂は梵字の不動明王ご真言に包まれた祈りの空間

❶ 深川不動堂
ふかがわふどうどう

縁日で賑わう お不動様

元禄16年（1703）に成田山新勝寺のご本尊、不動明王の出張開帳を行ったのが起こり。江戸まで300人の行列が組まれ、約1週間かけて運ばれたという。毎月1・15・28日の縁日には永代通りから続く参道に露店が並ぶ。

☎03-3641-8288
🏠江東区富岡1-17-13
🕐休料境内自由
MAP P85A4

境内にある深川開運出世稲荷

門前の参道「人情深川ご利益通り」は賑やかな商店街

約80mの参道が続く

伊能忠敬の銅像

境内奥の横綱力士碑

堂々としたたたずまいの本殿は、戦後建てられたもの

❷ 富岡八幡宮
とみおかはちまんぐう

測量の父も無事を祈って参拝

寛永4年（1627）の創建以来、「深川の八幡様」として親しまれている。晩年を深川で過ごした江戸後期の測量家・伊能忠敬の銅像が立ち、江戸勧進相撲の発祥地であることから相撲に関する石碑も多い。また、毎月15・28日にフリーマーケットと第1・2・4・5日曜に骨董市を開催。

☎03-3642-1315　🏠江東区富岡1-20-3
🕐休料境内自由　MAP P85B4

江戸の粋を伝える 三大祭りの一つ
● 深川八幡祭
ふかがわはちまんまつり

深川八幡祭は、例年8月15日ごろに行われる富岡八幡宮の例祭。赤坂日枝神社の山王祭、神田明神の神田祭とともに、江戸三大祭の一つに数えられている。神輿の担ぎ手に清めの水が浴びせられることから、別名「水掛け祭」ともよばれる。

担ぎ手と観衆が一体となり盛り上がる。（→P187）

x

❸ 清澄庭園
きよすみていえん

明治を代表する日本庭園

　明治13年（1880）、三菱の創始者である岩崎彌太郎が大名下屋敷跡に造園した回遊式林泉庭園。泉水、築山を主体に、全国の銘石を随所に配置している。春の桜や初夏の花ショウブなどが彩り、松と石の庭園景観を四季折々に楽しめる。

3つの島を配した広い池。池畔には数寄屋造りの涼亭がたたずむ

☎03-3641-5892（清澄庭園サービスセンター）
🏠江東区清澄3-3-9　🕐9:00～17:00（入園は～16:30）
🈺無休　💰入園150円　MAP P85A2～3

❹ 芭蕉庵史跡展望庭園
ばしょうあんしせきてんぼうていえん

隅田川を望む庭園

17時に清洲橋方面を向く芭蕉像

階段の上に庭園がある。芭蕉記念館へは徒歩3分

　芭蕉記念館分館の屋上庭園。隅田川と小名木川の合流地点に位置し、川を行き交う船や優美な清洲橋など、水辺の風景を一望できる。芭蕉像や芭蕉庵のレリーフがある。芭蕉記念館（観覧200円）では俳文学関係の資料などを随時展示している。

☎03-3631-1448（芭蕉記念館）　🏠江東区常盤1-1-3　🕐9:15～16:30　🈺第2・4月曜（祝日の場合は翌日）、年末年始　💰入園無料　MAP P85A2

芭蕉庵旧地という芭蕉稲荷神社

芭蕉没後、深川芭蕉庵は武家屋敷内となりその後滅失。大正時代に、芭蕉が愛好したといわれる石の蛙が当地で発見され、地元の人々が稲荷を祀ったのが起こり。

おさんぽの途中に！ 立ち寄りグルメ＆ショップ

🍴 深川宿 本店
ふかがわじゅく ほんてん

漁師が愛した深川めし

江戸期に漁師町として栄えた深川の郷土食・深川めしが名物。秘伝の味噌で、新鮮なアサリやネギを煮込み滋味深い味わいに。炊き込みご飯とのセット辰巳好み2365円。

☎03-3642-7878　🏠東京都江東区三好1-6-7　🕐11:30～14:30LO、17:00～20:30LO（土・日曜、祝日は11:30～16:30LO）　🈺月曜（祝日の場合は翌日）　MAP P85B2

🍵 みの家
みのや

創業明治30年（1897）

自慢の桜なべ1人前2450円～（写真は2人前）は、熟成させたやわらかい馬肉を自家製味噌と割り下で煮た関東風すきやき。高タンパク、低脂肪なので女性にもおすすめ。

☎03-3631-8298　🏠江東区森下2-19-9　🕐12:00～13:50、16:30～20:50（日曜、祝日は12:00～20:20）　🈺火曜（5～10月はほかにも不定休あり）　MAP P85A1

🛍 深川 華
ふかがわ はな

おみやげに最適な和菓子

金平糖や有平糖など、懐かしい和菓子が300種類以上並ぶ。なかでも一番人気は、きんつば5個700円。薄皮の中に北海道産の小豆を使用したあんこがぎっしりと詰まっている。

☎03-3643-7948　🏠江東区富岡1-14-8　🕐10:00～18:30　🈺不定休　MAP P85B4

林立する高層ビルの裾に
2つの大名庭園が広がる

汐留・新橋

しおどめ
しんばし

15

- 🔵 歩く時間 >>>
約2時間
- ⚪ 歩く距離 >>>
約5.5km
- ⚫ おすすめ季節 >>>
春🌸（3〜4月）

山手線沿いにビルが立ち並ぶ浜松町〜新橋・汐留。しかし、そこから海側へ歩いて行くと、江戸時代に造られた水と緑が豊かな大名庭園が広がっている。なお、汐留は、日本で最初に横浜との間に鉄道が開業された地。駅舎の外観が再現された旧新橋停車場にも立ち寄って、その歴史を偲んでみたい。

⟨ おさんぽアドバイス ⟩

浜離宮恩賜庭園は中の御門からも入れる。汐留のビル群は迷いやすいので、随所にある案内板で現在地を確かめながら歩こう。

START

浜松町駅

JR
山手線
京浜東北線
東京モノレール

徒歩2分

❶ **旧芝離宮恩賜庭園**

徒歩30分

（所要20分）

❷ **浜離宮恩賜庭園**

徒歩18分

（所要40分）

❸ **旧新橋停車場**

徒歩5分

（所要15分）

❹ **日テレタワー**

徒歩3分

（所要20分）

GOAL

新橋駅

JR
山手線
京浜東北線
ゆりかもめ
地下鉄
浅草線
銀座線

20m
10m
高低差 0m

浜松町駅

新橋駅

距離 > 1km > 2km > 3km > 4km > 5km

❶ ❷ ❸ ❹

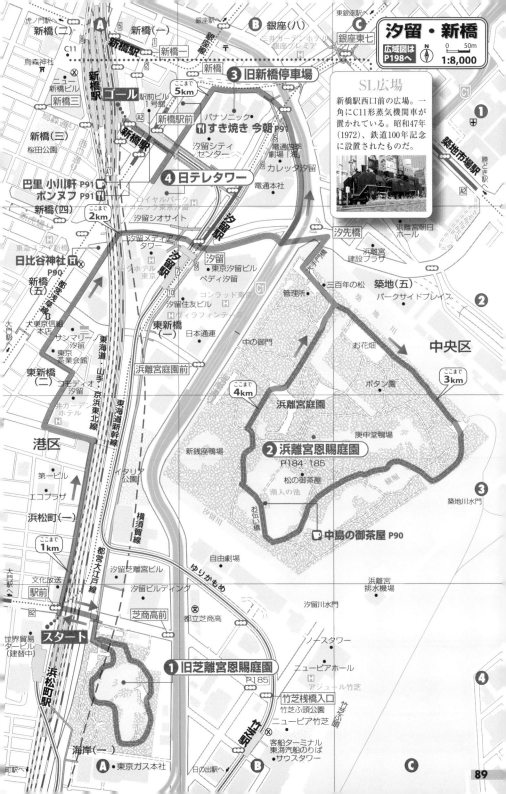

汐留・新橋

広域図はP198へ　N　0　50m　1:8,000

SL広場

新橋駅西口前の広場。一角にC11形蒸気機関車が置かれている。昭和47年（1972）、鉄道100年記念に設置されたものだ。

虎ノ門駅へ
新橋（二）
新橋（一）
銀座駅へ
銀座（八）
東銀座駅へ
銀座東七
築地市場駅

新橋駅
C11
烏森神社
ニュー新橋ビル
新橋ビル
新橋三
新橋（三）
桜田公園

3 旧新橋停車場
ここまで **5km**
パナソニック
新橋駅前
すき焼き 今朝 P91
汐留シティセンター
汐留四季劇場「海」
カレッタ汐留

巴里 小川軒 P91
ポンヌフ P91
新橋（四）
ここまで **2km**

4 日テレタワー
汐留シオサイト
電通本社
ロイヤルパークホテル・ザ・汐留

日比谷神社 P90
新橋（五）
汐留メディアタワー
ホテル
汐留
ペディ汐留
コンラッド東京
汐留住友ビル
ヴィラフォンテーヌ

汐先橋
浜離宮朝日ホール
浜離宮建設プラザ

管理所
三百年の松
築地（五）
パークサイドプレイス

大東京信組本店
サンマリーン汐留
東京薬業会館
コモディオ汐留
東新橋（一）
東新橋
日本通運
中の御門
お花畑

中央区

浜離宮庭園前
ここまで **4km**
ボタン園

港区
第一ビル
エコプラザ
浜松町（一）
ここまで **1km**
イタリア公園
横須賀線
東海道新幹線
東海道・山手・京浜東北線

汐留芝離宮ビル
汐留ビルディング
芝商高前
都立芝商高

新銭座鴨場
浜離宮庭園
庚申堂鴨場
2 浜離宮恩賜庭園
P184・185
松の御茶屋
潮入の池
お伝い橋
中島の御茶屋 P90
横堀

ここまで **3km**
築地川水門

文化放送
駅前
ゆりかもめ
都営大江戸線

浜離宮排水機場
汐留川水門

世界貿易センタービル（建替中）
スタート
浜松町駅
海岸（一）

自由劇場

1 旧芝離宮恩賜庭園
P185

ノースタワー
ニュービアホール
アジュール竹芝
竹芝桟橋入口
竹芝ふ頭公園
ニュービア竹芝
客船ターミナル
東海汽船のりば
サウスタワー

A 東京ガス本社
日の出駅へ

❶ 旧芝離宮恩賜庭園
きゅうしばりきゅうおんしていえん

庭園の多彩な要素が凝縮

延宝6年（1678）、ここを邸地とした大久保忠朝が整備したという回遊式泉水庭園。東京に現存する大名庭園の中で最も古いものの一つで、中国にある西湖の石堤を模した西湖、中島の蓬莱山をはじめ、築山、洲浜、枯滝などみどころが豊富。

☎03-3434-4029　🏠港区海岸1-4-1　🕘9:00〜16:30入園（17:00まで退園）　休12月29日〜1月1日　料入園150円　MAP P89A4

庭園の中央にある泉水はかつて海水を引き入れた潮入りの池だったが現在は淡水の池になっている

池の畔には大きな雪見灯籠も立っている

歴史を学ぶ

線路のすぐそばにある日比谷神社にお参り

日比谷神社の主祭神は豊受大神。古くから現在の日比谷公園の大塚山にあり、江戸城築城とともに移転。その後も移転を繰り返した後、昭和3年（1928）、新橋4丁目に遷座した。以後は新橋の鎮守様として広く親しまれ、平成21年（2009）、現在の東新橋2丁目に新社殿を建造。汐留シオサイト地区と東新橋など周辺の守り神に。

MAP P89A2

池の中央には中島の御茶屋が浮かぶようにたたずみ、お伝い橋で岸と結ばれている

❷ 浜離宮恩賜庭園
はまりきゅうおんしていえん

潮入りの池と鴨場をもつ庭園

池は、水門で海とつながれ、潮の干満で景観を変える潮入りの池。回遊式築山泉水庭園の典型で、承応3年（1654）、徳川4代将軍家綱の弟松平綱重が別邸としたのが始まり。その後将軍家の別邸となって「浜御殿」とよばれた。春の桜をはじめ、花の名所でもある。

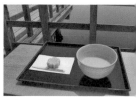

中島の御茶屋では抹茶と季節の和菓子のセット850円が楽しめる

☎03-3541-0200　🏠中央区浜離宮庭園1-1　🕘9:00〜17:00入園（入園は〜16:3　休無休　料入園300円　MAP P89B3

©NTV

お天気コーナーのキャラクター、そらジローのもちもちぬいぐるみM2200円

西洋風建築の駅舎の外観を再現

❸ 旧新橋停車場
きゅうしんばしていしゃじょう

企画展も開催される

明治5年（1872）、新橋〜横浜間に日本初の鉄道が開業。ここでは当時の駅舎の外観をできる限り正確に再現。館内の鉄道歴史展示室では、鉄道発祥の地・汐留の歴史と、日本の近代化を牽引した鉄道の発展と影響を解説している。

☎ 03-3572-1872（鉄道歴史展示室）
🏠 港区東新橋1-5-3　🕐🗓 外観見学自由　[鉄道歴史展示室]🕐 10:00〜17:00（入室は〜16:45）　🗓 月曜（祝日の場合は翌日）　🎫 入館無料　MAP P89B1

ゼロスタ広場ではイベントも行われる

❹ 日テレタワー
にってれたわー

イベントも多い人気スポット

日本テレビ社屋の地下2階〜地上2階の一部を公開。番組関連グッズを扱う「日テレ屋」など、テレビ局ならではのショップや食事処が並ぶ。日テレ大時計の下にあるスタジオ「マイスタ」では、生放送も行われる。

☎ 0570-040-040
🏠 港区東新橋1-6-1
🕐🗓 店舗や施設により異なる
MAP P89A1

宮崎駿デザインの日テレ大時計
みやざきはやお

巨大な生きもののようなからくり時計。スタジオジブリの宮崎駿監督がデザインしたもので12・13・15・18・20時（土・日曜、祝日は10時も）の2分45秒前に動き出す。稼動時間は約3分間だ。

おさんぽ の 途中に！　　　**立ち寄りグルメ＆ショップ**

🍲 すき焼き 今朝
すきやき いまあさ

多くの文人に愛された名店

明治13年（1880）に創業。A5ランクの松坂牛など黒毛和牛の旨みを伝統の醤油ベースの割下が引き立てる。お昼のすき焼定食は3300円〜。夜の松定食は1万7710円。

☎ 03-3572-5286　🏠 港区東新橋1-1-21 今朝ビル2階　🕐 11:30〜14:00LO、17:30〜20:00LO　🗓 土・日曜、祝日（12月のみ土曜営業）
MAP P89B1

🍴 ポンヌフ
ぽんぬふ

昔懐かしナポリタンの味

ケチャップソースをたっぷり使う昔ながらのスパゲティ・ナポリタン900円。これにハンバーグがのるハンバーグスパゲティ1100円が一番人気。

☎ 03-3572-5346　🏠 港区新橋2-20-15新橋駅前ビル1号館1階　🕐 11:00〜15:00（金曜は11:00〜15:00、18:00〜21:00）　🗓 土・日曜、祝日　MAP P89A1

🛍 巴裡 小川軒
ぱり おがわけん

みやげにも絶好の伝統銘菓

創業以来のオリジナル・元祖レイズン・ウィッチが人気。洋酒に漬け込まれたレーズンと特製クリームをクッキーでサンドした銘菓で1箱10個入り1350円。

☎ 03-3571-7500　🏠 港区新橋2-20-15新橋駅前ビル1号館1階　🕐 10:00〜18:30（土曜は〜17:00）　🗓 日曜、祝日（不定休）　MAP P89A1

16

池袋
上野
新宿
東京
渋谷
新橋
お台場
品川

お台場

おだいば

●歩く時間 >>> 約2時間　　●歩く距離 >>> 約6.5km

START
ゆりかもめ

芝浦埠頭駅 ≫ ❶ レインボープロムナード ≫ ❷ お台場海浜公園 ≫ ❸ フジテレビ本社ビル ≫

徒歩5分

徒歩1分（出口から）
（所要30分）

徒歩3分
（所要40分）

徒歩5分
（所要40分）

60m >
30m >
高低差0m >

エレベーター

❶

埠頭駅 芝浦

距離 > 1km > 2km > 3km >

左奥はフジテレビ本社ビル、右手前はヒルトン東京お台場

レインボーブリッジのその先へ オーシャンビューの遊歩道を歩く

江戸時代末期、黒船来航に危機感を抱いた徳川幕府が、領土を守るべくこの地に6基の砲台場を造った、というのがお台場の起源。今なおレインボーブリッジの南側に添うように第三、第六の2基の台場が残り、第三台場は公園として公開されている。歴史の面影を残すお台場も今では、観る、食べる、遊ぶ、買う、そして学べる一大アミューズメントエリアに発展。対岸の芝浦からレインボーブリッジの遊歩道を歩き、お台場海浜公園まで来ると、歩いてきたレインボーブリッジ、そして銀色の球体が目印のフジテレビ本社ビルが見渡せる。さらに南には大型の商業施設ダイバーシティ東京 プラザが。その先には日本科学未来館もあり、こちらは遊びの要素も加味された学びのエリア。ラストは2024年オープンのテーマパークにも。お台場ならではのお散歩を楽しもう。

おさんぽアドバイス

レインボープロムナードは少々車の音が気になるが、雄大な景観が楽しめる。なお、サウスとノースのプロムナードは途中で行き来できないので注意。散歩の時間帯は昼間が基本だが、お台場海浜公園は夕景もおすすめ。

● おすすめ季節 >>> 春・夏・秋 🌸 🍃 🍁 (4~10月)

④ **ダイバーシティ 東京 プラザ**

（所要30分）

徒歩 8分

⑤ **日本科学 未来館**

（所要50分）

徒歩 12分

⑥ **イマージブ・ フォート東京**

（所要90分）

徒歩 2分

GOAL

青海駅

ゆりかもめ

② >4km ③ ④ >5km ⑤ >6km ⑥ 青海駅

お台場

広域図はP198へ

0　200m
1:18,000

スタート

スポーツクラブ
NAS
プラテシア
警署芝浦
ケイヒン
本社ビル
都労働局
LOOP-M

Ⓐ 第4ビル
日の出駅へ→
Ⓑ
日の出桟橋へ→
Ⓒ
日の出桟橋へ

芝浦ふ頭駅

港区

海岸（三）
晴海ふ頭公園
中央区

臨港道路

遊歩道出入口

東京港

かいがんパーク

水上バス
東京都観光汽船などが、浅草〜日の出桟橋〜お台場や豊洲などを結ぶ路線を運航している。（→P203）

東京都観光汽船

ここまで
1km

① レインボープロムナード

アサノコンクリート
東京エスオーシー
港南（五）

第六台場

豊洲（六）

自由の女神像
平成10年（1998）の「日本におけるフランス年」時に設置され、その後フランスに戻されたが、現在もレプリカを設置。

P96 台場公園

第三台場
史蹟公園

港区

レインボープロムナード

ここまで
2km

台場入口

臨港道路

お台場学園

有明（一）

木村屋総本店
ヤマト運輸

鳥の島

天王洲アイル駅へ→

りんかい線

③ フジテレビ本社ビル

権八 お台場 P96
② お台場海浜公園

🍴 **bills お台場** P96
🏠 **台場一丁目商店街** P96

お台場レインボー公園

ヒルトン東京お台場
アクアシティお台場
デックス東京ビーチ

お台場海浜公園駅

シーリア前

のぞみ橋

江東区有明スポーツセンター

有明（二）

有明清掃工場

都立潮風公園

台場（一）

ここまで
3km

海浜公園入口

国際展示場駅へ→

台場駅

ここまで
4km

台場（二）

Ⓑ

りんかい線

東京テレポート駅

有明橋・水の科学館へ
青海橋
武蔵野大

夢の大橋
（ドリームブリッジ）

つどい橋

レストハウス
潮風公園北

④ ダイバーシティ東京 プラザ

ここまで
5km

都立シンボルプロムナード公園

品川区

青海（一）

東京国際クルーズターミナル駅

東京ベイコート倶楽部＆スパリゾート

有明（三）

ゆりかもめ

あけみ橋

船の科学館入口
宗谷
プラザ平成

青海（船の科学館）ステーション

湾岸警察署前
国際研究交流大学村

東京湾岸警察署

青海客船ターミナル

⑤ 日本科学未来館

フジテレビ湾岸スタジオ

東京国際クルーズターミナル

東京海上保安本部

青海（二）都産技研

青海フロンティアビル

テレコムセンター駅

青海（四）

アスクル

青海駅

青海

ここまで
6km

ゴール

⑥ イマーシブ・フォート東京

江東区

日本紙パルプ

三菱倉庫
大王製紙倉庫

有明（四）

フェリーふ頭公園

王子物流

Ⓐ
テレコムセンタービル

テレコムセンター前
Ⓑ

Ⓒ

10号地ふ頭

❶ レインボープロムナード
れいんぼーぷろむなーど

海の真ん中から東京拝見

芝浦とお台場を結ぶレインボーブリッジの展望遊歩道。約1.7kmの歩道が車道の両側に付き、北側のノースルートからは隅田川河口や晴海方面、南側のサウスルートからは品川・お台場方面が見渡せる。

☎03-5463-0223
🏠港区海岸3～港区台場1
🕐9:00～21:00（11～3月は10:00～18:00、入橋は30分前まで）　🈺第3月曜（祝休日の場合は翌日）
💴通行無料
🗾P94A1～B2

上）首都高速と一般道、遊歩道が走る
右）台場公園とお台場海浜公園方面を望む

開放的な浜辺の公園は憩いの場

❷ お台場海浜公園
おだいばかいひんこうえん

入江を望む白砂海岸はデートのメッカ

L字型に延びる白砂の海岸。その先にはレインボーブリッジと東京の街並みが広がり、バックには緑の帯を通して近代的なビル群が。都会のリゾートとして申し分なしのロケーションだ。自由の女神とサンセット～夜の景色も見逃せないところ。

☎03-5531-0852　🏠港区台場1-4-1
🕐🈺💴入園自由　🗾P94B3

©ガチャムク ©フジテレビ

❸ フジテレビ本社ビル
ふじてれびほんしゃびる

空に浮く銀色の球体が目印

チューブ型エスカレーターで上る7階が出発点。館内では番組収録が見られることもあるほか、球体展望室「はちたま」からは東京の街が一望できる。7階では番組グッズなどが買えるショップやカフェも充実。

総合グッズショップで販売

☎0570-088-081
🏠港区台場2-4-8
🕐10:00～18:00（チケット販売は～17:30）
🈺月曜（祝休日の場合は翌日）　💴はちたま入場700円　🗾P94B3

「はちたま」は高さ約100m。眼下には都心部一帯の大パノラマが広がる

©創通・サンライズ　2024年2月現在

ユニコーンガンダム立像では記念撮影を

❹ ダイバーシティ東京プラザ
だいばーしてぃとうきょうぷらざ

アミューズメント満載

国内外の人気ブランドや飲食の新業態店が多く、エンタメ施設も充実した大型複合商業施設。フェスティバル広場には、高さ19.7mの実物大ユニコーンガンダム立像が立ち、夜間には照明演出も。

☎0570-012780　🏠江東区青海1-1-10
🕐10:00～21:00（フードコートは～22:00、レストランは11:00～22:00。平日は異なる、HP参照）　🈺不定休　🗾P94B3

歴史を学ぶ

外国船との戦いのために築造した「砲台場」

ペリー来航後に、江戸湾海防の強化の必要性を強く感じた江戸幕府は、急ピッチで砲台（台場）を築造。完成した6つの砲台のうち、現存するのは2つのみで国の史跡に指定。

●歴史ゆかりのスポット

台場公園
だいばこうえん

第三台場を公園として公開。出島状の台場は周囲を土手で囲まれ、砲台の跡が残る。守備隊の陣屋の基礎や、弾薬庫の跡にも注目を。
☎03-5531-0852（公園センター）　⊕港区台場1-10-1　㊡㊍入園自由　MAP P94B2

---

⑤ 日本科学未来館
にっぽんかがくみらいかん

先端の科学情報を体験

宇宙や地球環境や生命、ロボットなどをテーマにした展示や、迫力ある3D映像が楽しめる。ドームシアターガイアが目玉。また、特別展やイベントも実施しており、多彩な面から未来を感じ、考えることができる。

巨大な球体ディスプレイ

☎03-3570-9151　⊕江東区青海2-3-6　㊇10:00～17:00（入館券購入は～16:30）　㊡火曜（祝休日の場合は開館の場合あり）、12月28日～1月1日　㊍入場630円（常設展＋ドームシアターは940円）　MAP P94A4

---

⑥ イマーシブ・フォート東京
いまーしぶ・ふぉーととうきょう

画像提供：イマーシブ・フォート東京

没入型の新テーマパーク

2024年3月に開業した世界初のイマーシブ・テーマパーク。イマーシブとは物語の世界に没入するという意味で、映像などを中心にまるでその世界に入り込んだような体験ができる。

☎非公開　⊕江東区青海1-3-15　㊇日によって変動（HP参照）　㊡無休　㊍1dayパス6800円（そのほか有料アトラクションあり）　MAP P94B4

上）アトラクションは全12
下）オリジナルグッズも充実

おさんぽの途中に！ 立ち寄りグルメ＆遊びどころ

🍴 bills お台場
びるず おだいば

世界で愛される絶品料理

シドニー発のオールデイダイニング。「世界一の卵料理」で有名だが、ディナー限定のシュリンプバーガー2600円（写真）もおすすめ。
☎03-3599-2100（問い合わせ専用）　⊕港区台場1-6-1デックス東京ビーチ シーサイドモール3階　㊇9:00～22:00（土・日曜、祝日は8:00～）　㊡不定休　MAP P94B3

🍴 権八 お台場
ごんぱち おだいば

本格手打ちそばが絶品

レインボーブリッジを望みながら、手打ちそば880円、串焼き253円～などが味わえる。江戸前海老四天丼セット1650円（写真）など、ランチのセットメニューも充実している。
☎050-5444-6490　⊕港区台場1-7-1 アクアシティお台場4階　㊇11:30～22:00LO（フード）　㊡無休　MAP P94B3

©Koji Harabuchi

🍴 台場一丁目商店街
だいばいっちょうめしょうてんがい

昭和を再現したレトロ空間

昭和30年代をイメージした施設で、昔懐かしい駄菓子やレトログッズ、和雑貨などの店や遊技場が並ぶ。
☎03-3599-6500（デックス東京ビーチ代表）　⊕港区台場1-6-1デックス東京ビーチ シーサイドモール4階　㊇11:00～20:00（土・日曜、祝日は～21:00）　㊡不定休　㊍入場無料（施設により有料）　MAP P94B3

●ひと足のばして 豊洲市場へ

青海駅からゆりかもめで7分

●●●
豊洲市場（東京都中央卸売市場）
とよすしじょう（とうきょうとちゅうおうおろしうりしじょう）

活気のあるセリを見学

東京都が設置する中央卸売市場のひとつで、水産物や青果物を扱う。見学エリアが設けられており、5時30分から行われるセリは予約なしでも見学通路から見ることができる。

飲食エリアと物販エリアもあり、一般客も多く訪れる

☎ 03-3520-8205（東京都中央卸売市場豊洲市場代表） 🕐 江東区豊洲6-6-1 🕐 見学は5:00〜17:00（施設により異なる） 🕐 水・日曜、祝日（変動あり、HP参照） 🕐 見学無料 MAP P198B〜C3

予約すると間近でセリを見学できる

コスパ抜群の場内寿司店

青果棟（5街区）1階

大和寿司
だいわずし

築地市場で半世紀以上も愛された名店で、移転後も屈指の人気を誇る。メニューは基本的におまかせだが、好きなネタを1貫から注文することも。

☎ 03-6633-0220 🕐 江東区豊洲6-3-2 🕐 6:00〜13:00LO（日によってLOが早まる場合あり） 🕐 日曜、祝日、休市日、ほか不定休あり

おまかせにぎり6600円

●●●
豊洲 千客万来
とよす せんきゃくばんらい

食を堪能できる場外市場

豊洲市場に隣接する新たな商業施設。大きく食楽棟（豊洲場外江戸前市場）と温浴棟（東京豊洲万葉倶楽部）に分かれている。約70の飲食店が並び、豊洲市場の食材など多彩な食を味わえる。

☎03-3533-1515
🕐 江東区豊洲6-5-1 🕐 店舗により異なる 🕐 無休 MAP P198B3

新鮮な食材を食べ歩きできる「目利き横丁」

東京湾の夜景を眺めながら湯あみを

東京豊洲万葉倶楽部
とうきょうとよす まんようくらぶ

箱根と湯河原から運んだ温泉を楽しめる温浴施設。東京湾を望む露天風呂のほか、開放感抜群の展望足湯庭園も備わる。

☎ 03-3532-4126 🕐 江東区豊洲6-5-1 🕐 24時間営業 🕐 無休 🕐 入館料4000円

江戸をイメージしたオープンモール

食べ歩きでも豊洲グルメを満喫

豊洲場外江戸前市場2階

丸武Premium
まるたけぷれみあむ

大正末期に創業した築地で人気の玉子焼き店。特選卵を使用した焼きたてPREMIUM300円など、この店限定メニューを提供。

☎ なし 🕐 10:00〜18:00 🕐 無休

職人が焼くできたての玉子焼き 300円〜

コース **17**

池袋 上野
新宿 東京
渋谷 新橋
★
東京タワー・
芝公園

東京タワー・芝公園

とうきょうたわー・しばこうえん

🔵 歩く時間 >>>約**1時間10分**　🔵 歩く距離 >>>約**4.2km**

START
神谷町駅

地下鉄
日比谷線

≫

徒歩
10
分

①
虎ノ門
ヒルズ

（所要30分）

≫

徒歩
5
分

②
愛宕神社

（所要15分）

≫

徒歩
1
分

③
NHK
放送博物館

（所要40分）

≫

徒歩
20
分

30m >
15m >
高低差 0m >

神谷町駅

① ② ③

距離 >**1km**　2k

増上寺境内の西向観音は
江戸33観音札所の第21番霊場

東京の赤きシンボルと緑豊かな寺社を巡る

東京のシンボルの一つとされ、多彩な楽しみが満載されている東京タワーを中心に、多彩なショップやレストランが揃う虎ノ門ヒルズや、江戸時代の面影を今も残す愛宕神社と増上寺を巡るコース。徳川家康の命によって江戸の防火の神として祀られた愛宕神社も、上野の寛永寺と並んで徳川家の菩提寺の一つとされた増上寺も、時代劇などではおなじみの寺社だ。なお、地名にもなっている芝公園は、明治6年（1873）の太政官布達により、上野、浅草、深川、飛鳥山とともに日本初の公園に指定されたもの。戦後の政教分離によって増上寺と分離されたことで、全国でも珍しいドーナツ形の公園となり、現在は都立公園として整備。深い森や人工の渓谷、ペルリ提督の像、神社や池、古墳、あるいは体力測定健康緑道などが点在し、園内は意外なほど変化に富んでいる。

おさんぽアドバイス

高台にある愛宕神社へは急階段の出世の石段（男坂）のほか、なだらかな女坂があり、NHK放送博物館近くには愛宕山エレベーターもあるので、シンドそうな場合はそちらを利用。なお、スタートは地下鉄虎ノ門駅でもいい。

東京タワー・芝公園

●おすすめ季節 >>> 初夏 🍃（4~5月）

④ 東京タワー	⑤ 芝東照宮	⑥ 増上寺	⑦ 芝大神宮	GOAL 大門駅
	徒歩15分	徒歩7分	徒歩5分	徒歩2分

（所要60分）

徒歩15分

（所要10分）

徒歩7分

（所要30分）

徒歩5分

（所要5分）

徒歩2分

🚇下鉄
浅草線
大江戸線

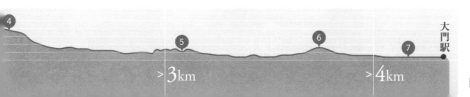

④

⑤

⑥

⑦

大門駅

>3km

>4km

❶ 虎ノ門ヒルズ
とらのもんひるず

4棟揃い街として完成

7.5haの敷地に複合施設の森タワー、ビジネスタワー、レジデンシャルタワー、日比谷線虎ノ門ヒルズ駅直結のステーションタワーと4つの高層ビルが建つ。商業、オフィス、住宅、ホテルなど多彩な要素を合わせ持ち、新たなビジネスの発信拠点となっている。

☎施設により異なる　⊕港区虎ノ門1-23-1
⊕休店により異なる
MAP P101B1

©The Boundary

上)2023年に開業したステーションタワー
左)暮らすための要素が揃った"小さな街"

❷ 愛宕神社
あたごじんじゃ

徳川家康の江戸開府の際に創建

見上げるばかりの急階段の男坂「出世の石段」が名物。防火・防災に霊験があるといわれる神社で、ほおづき市の発祥の地でもある。幕末には桜田門外で井伊直弼を討った水戸浪士の集結の場所になったことでも知られる。境内には鯉が泳ぐ池などもある。

☎03-3431-0327
⊕港区愛宕1-5-3
⊕休料境内自由
MAP P101B1

現在の社殿は、昭和33年（1958）に再建されたもの

出世の石段は86段。寛永11年（1634）には曲垣平九郎が騎馬で駆け上ったといわれる

放送体験スタジオでキャスター気分を

❸ NHK放送博物館
えぬえいちけいほうそうはくぶつかん

"放送のふるさと"で放送を学ぶ

ラジオからテレビ、そして8K放送に至る放送の歴史を実物展示で分かりやすく紹介。大型スクリーンで8K放送を体感できる「愛宕山8Kシアター」、ニュースキャスターや気象予報士の体験ができる「放送体験スタジオ」は必見。

☎03-5400-6900　⊕港区愛宕2-1-1
⊕9:30〜16:30　休月曜（祝休日の場合は翌日）⊕入館無料　MAP P101B1

1 虎ノ門ヒルズ
虎ノ門(一)
虎ノ門岡埜栄泉本店 P103
愛宕(一)
ここまで 1km
2 愛宕神社
千日詣り・ほおづき縁日 P187
虎ノ門(四)
3 NHK放送博物館
神谷町
スタート
愛宕(二)

日立愛宕ビル
西新橋(二)
内幸町駅へ
愛宕一
新橋(三)
阪急交通社
新橋(四)
新虎通り

芝公園(都立)
戦後の政教分離で増上寺と分離されたため珍しいドーナツ形。人工の渓谷のもみじ谷や芝丸山古墳などが点在。

オランダ大使館
芝給水所公園 運動場
ここまで 2km
機械振興会館
金地院
芝公園(三)
みなと図書館
港区
東京プリンスホテル
芝公園ビル
4 東京タワー
東京タワー前
ガーデンアイランド
スターライズタワー
もみじ谷
マルエツプチ
とうふ屋うかい
6 増上寺
ここまで 4km
全日本仏教会
大殿
三解脱門
増上寺前
東京タワー下
宝珠院
赤羽橋駅
赤羽橋
弁天池
芝公園(四)
区立芝公園
ザ・プリンスパークタワー東京
5 芝東照宮
円山随身稲荷
芝丸山古墳
都営大江戸線
チリ大使館
妙定院
赤羽橋南
美和ロック
芝公園 P184-185
芝公園ランプ出口
芝公園駅
芝公園競技場
芝アネックスビル

御成門駅
慈恵看護専門学校
御成門中
御成門小
御成門
浜松町
留園ビル
相鉄フレッサイン浜松町大門
NBF芝タワー
だらだら祭り (生姜祭り) P187
7 芝大神宮
芝神明榮太樓 P103
芝大門(一)
芝公園(一)
港区役所
常照院
広度院
源興院
花岳院
ゴール
りそな
大門駅
芝大門
キッチモンドホテル
安養院
常行院
浄運院
芝大門更科布屋 P103
芝公園(二)
黒龍堂
宝松院
多聞院
最勝院
芝公園グランド前
三田駅へ

ペルリ提督の像
幕末の日本を開国に導いたペリーの頭像。これと向き合うように、「万延元年遣米使節記念碑」も立っている。

❹ 東京タワー
とうきょうたわー

最大のみどころは2つの展望台

高さ150mのメインデッキ、250mのトップデッキと、2つの展望台を設置。周囲に高層ビルがほぼないため、東京の中心部から、都内全域の景色をくまなく望むことができる。夜は象徴的なライトアップが人々の目を楽しませている。

☎03-3433-5111（東京タワー総合案内）
🚇港区芝公園4-2-8　🕐メインデッキ9:00～22:30（入場は～22:00）、トップデッキツアー9:00～22:15（最終ツアー21:30～21:45）　🈲無休　💴メインデッキ1200円、トップデッキツアー3000円　※トップデッキに昇るためには時間指定・事前予約制のトップデッキツアーへの参加が必須。詳しくはHPを参照
🗺️P101A3

上）高さは333m。東京のランドマークの一つとして広く親しまれている
左）トップデッキから東京湾方面を望む

芝公園の緑に包まれてたたずむ

❺ 芝東照宮
しばとうしょうぐう

四大東照宮の一つ

徳川家康が祭神。当初は増上寺境内の廟・安国殿だったが、明治の神仏分離で芝東照宮に。日光東照宮、久能山東照宮、上野東照宮と並ぶ四大東照宮の一つとされている。

☎03-3431-4802（芝大神宮）
🚇港区芝公園4-8-10
🕐🈲💴境内自由　🗺️P101B4

❻ 増上寺
ぞうじょうじ

大殿のバックには東京タワーが

徳川家の菩提寺の一つ。元和8年（1622）再建の三解脱門（三門）をくぐると、広大な境内に大殿（本堂）をはじめ、多くの堂宇が立ち並ぶ。境内の徳川将軍家霊廟内には2代将軍秀忠など6人の将軍、及び正室、側室が埋葬されている。

☎03-3432-1431　🚇港区芝公園4-7-35　🕐🈲💴境内自由　🗺️P101B3

上）三解脱門は国指定重要文化財
左）大殿は昭和49年（1974）の再建。大殿へ向かう階段は25段あり、25菩薩を表しているといわれる

❼ 芝大神宮
しばだいじんぐう

芝神明ともよばれる古社

主祭神は伊勢神宮の祭神の天照大御神（あまてらすおおみかみ）と豊受大神（とようけおおかみ）で、江戸時代には「関東のお伊勢さま」として広く崇敬された。毎年9月にはだらだら祭り（生姜祭り→P187）を開催。

☎03-3431-4802　🏣港区芝大門1-12-7
🕐休🈯境内自由　MAP P101C3

芝大門のすぐ近くにある

創建は寛弘2年（1005）、伊勢神宮の祭神と同じ2柱を主祭神とする

🏛 歴史を学ぶ

勝海舟と西郷隆盛が
江戸市中を展望!?
かつかいしゅう　さいごうたかもり

高台にある愛宕神社（→P100）は東京でも有数の高所で、江戸時代には東京湾や房総半島までを見渡すことができたといわれる。幕末には西郷隆盛と会見・談判した際、この山頂に誘い、江戸市中を見回しながら、江戸を焼け野原にすることの無益を問い、江戸城無血開城へと導いたといわれている。

前、勝海舟が西郷隆盛と会見・談判した際、この山頂に誘い、江戸市中を見回しながら、江戸を焼け野原にすることの無益を問い、江戸城無血開城へと導いたといわれている。

東京総攻撃の3日前、勝海舟が西軍（新政府軍）の江戸総攻撃の3日

男坂で、その高さを実感

おさんぽの途中に！　立ち寄りグルメ＆ショップ

🍴 芝大門更科布屋
しばだいもんさらしなぬのや

伝統のそばをたぐる

寛政3年（1791）創業。江戸以来の伝統の生粉打ちそばと更科family伝変わりそばが味わえる。更科と月替わりの変わりそば2種の三色そば1100円。深みとコクがあるツユはやや甘め。

☎03-3436-3647　🏣港区芝大門1-15-8　🕐11:00～20:00LO（土曜は～19:30LO、日曜は～18:30LO）　休無休　MAP P101C3

🏠 芝神明榮太樓
しばしんめいえいたろう

かわいくておいしい

文豪・尾崎紅葉（おざきこうよう）が好んで名付けた江の嶋最中1個140円が名物。ホタテなどの貝殻をかたどった5つの最中種の中に、白、ユズ、こし餡、つぶ餡、ごまの5種の餡が入っている。

☎03-3431-2211　🏣港区芝大門1-4-14　🕐9:00～19:00（土曜は～14:00）　休日曜、祝日（8月は土曜も休業）　MAP P101C3

🏠 虎ノ門岡埜栄泉本店
とらのもんおかのえいせんほんてん

豆大福で知られる老舗

大正元年（1912）創業の老舗和菓子店。人気の豆大福は、餅とほどよい甘さの餡が絶妙にマッチ。午前中に売切れることも多いので予約した方が無難だ。1個280円。

☎03-3433-5550　🏣港区虎ノ門3-8-24　🕐9:00～17:00（土曜は～12:00）　休日曜、祝日　MAP P101A1

情報・文化を発信する
近未来的な複合都市

コース **18**

六本木・麻布十番

六本木
・ろっぽんぎ・

麻布十番
ーあざぶじゅうばんー

● 歩く時間 >>>
約2時間

● 歩く距離 >>>
約5.8km

⬤ おすすめ季節 >>>
春🌸（4～5月）

麻 布台ヒルズと東京ミッドタウンの2大ランドマークを中心に、情報や文化の発信地として注目を集める六本木周辺。近未来的な建築物が立ち並ぶ都会でありながら、武家屋敷に由来する庭園や坂など、江戸の名残も随所に見られる。けやき坂を下って麻布十番商店街へ向かうと、老舗和菓子店などが軒を連ねる。

おさんぽアドバイス

坂の多いエリア。スタート地点の六本木交差点からはどの方向も下り坂。麻布十番と広尾を結ぶ仙台坂の上りが一番の難所。

START
六本木駅

地下鉄
日比谷線
大江戸線

徒歩5分

❶ 国立新美術館
（所要50分）

徒歩23分

❷ 麻布台ヒルズ
（所要50分）

徒歩21分

❸ 麻布十番商店街
（所要30分）

徒歩30分

❹ 有栖川宮記念公園
（所要30分）

徒歩3分

GOAL
広尾駅

地下鉄
日比谷線

50m
25m
高低差 0m

六本木駅

距離 > 1km > 2km > 3km > 4km > 5km

❶ ❷ ❸ ❹ 広尾駅

❶ 国立新美術館
こくりつしんびじゅつかん

話題の企画展を次々と開催

1万4000m²の国内最大級の展示スペースで、大規模な企画展や公募展を開催。建築家・黒川紀章による建物自体も見ごたえあり。館内には仏料理界の巨匠ポール・ボキューズがプロデュースしたブラッスリーのほか、3つのカフェを備える。カフェのみの利用も可。

☎050-5541-8600（ハローダイヤル）　⊕港区六本木7-22-2　⊕10:00〜18:00（企画展会期中の金・土曜は〜20:00、入場は閉館30分前まで）　⊛火曜（祝休日の場合は翌平日）　⊕入場無料、観覧料は展覧会により異なる　MAP P105A2

巨大な逆円すいのコンクリートコーン上はカフェになっている

ミュージアムショップも必見

ガラスカーテンウォールのなめらかな曲線が印象的。大きな窓から自然光が差し込む

観光クローズアップ

◎ 毛利庭園
もうりていえん

池と緑に彩られた大名屋敷の庭園

慶安3年（1650）、毛利甲斐守邸の庭園として誕生し、平成15年（2003）に現在の回遊式日本庭園となる。池や渓谷などが配され、四季折々の景色が楽しめる。桜の季節は夜間ライトアップもある。

☎03-6406-6000（六本木ヒルズインフォメーションセンター）　⊕港区六本木6 六本木ヒルズ内　⊕7:00〜23:00　⊛無休　⊕入園自由　MAP P105B2

毛利池には宇宙で誕生した「宇宙メダカ」の子孫が放流されている

---

❷ 麻布台ヒルズ
あざぶだいひるず

ショッピングからアートまで楽しめる複合タウン

2023年11月にオープンした、森ビルが手がける複合施設。敷地の約3分の1が緑化されており、緑豊かな広場が施設の中心。高さ330mの森JPタワーをはじめ、商業施設やアートを楽しめる施設も充実。

☎03-6433-8100（総合インフォメーション）　⊕港区麻布台1　⊕⊛⊕施設により異なる　MAP P105C2

上）商業施設が集まるタワープラザ　右上）海外の著名デザイナーによる湾曲した設計が印象的　右下）果樹園も隣接する中央広場

③ 麻布十番商店街
あざぶじゅうばんしょうてんがい

300年余の歴史をもつ商店街

江戸時代から続く老舗と新しい店が混在し、300店舗以上が軒を連ねる。周辺に各国大使館があるため、行き交う外国人も多く、国際色豊か。歩道には12カ国の大使館の協力を得て設置されたモニュメントが点在する。

🏠港区麻布十番 🕐🈺店舗により異なる
MAP P105C3

上)商店街の憩いのスペース　右)大通りや横道に店が点在

④ 有栖川宮記念公園
ありすがわのみやきねんこうえん

緑豊かな宮家の元御用地

昭和9年(1934)開園。江戸時代は盛岡南部藩の下屋敷、明治以降は有栖川宮家の御用地だった。起伏に富んだ地形を生かし、小川や滝、池を配した日本庭園が広がる。野球場やテニスコートも備わる近隣住民の憩いの場。

園内に遊歩道が整備されている

☎03-3441-9642(公園管理事務所)　🏠港区南麻布5-7-29
🕐散策自由　🈺無休
🎫入園無料　MAP P105A4

歴史を学ぶ

星条旗がはためく六本木の裏通り

六本木通りの北側を走る「星条旗通り(MAP P105A2)」。繁華街の的イメージとは対照的な、隠れ家的な静かな通りだ。この名称は戦後、米軍機関紙を発行する Stars and Stripes(星条旗新聞社)が置かれたことに由来する。現在は米軍施設「赤坂プレスセンター」として、星条旗新聞社やヘリポートなどに使用されている。

東京ミッドタウンへ通じる道

六本木・麻布十番

おさんぽの途中に！ 立ち寄りグルメ＆ショップ

🍣 おつな寿司
おつなずし

ユズが香るいなり寿司

明治8年(1875)創業。にぎり寿司3430円〜。名物は油揚げを裏返しにした、ユズの風味が爽やかに香るいなり寿司1折8個入1180円。

☎03-3401-9953　🏠港区六本木7-14-4　🕐11:30〜14:00LO、17:00〜21:00入店、持ち帰りは10:00〜21:00(日曜は〜13:00)
🈺食事のみ日曜　MAP P105B2

🏠 浪花家総本店
なにわやそうほんてん

麻布十番の名物たいやき

ヒット曲『およげ！たいやきくん』のモデルになった店。自慢のたいやき1尾200円は、薄焼きのパリッとした皮の中に尻尾の先まであんこがぎっしり。カフェも併設。

☎03-3583-4975
🏠港区麻布十番1-8-14　🕐11:00〜19:00　🈺火曜・第3水曜(祝日の場合は翌日)　MAP P105C3

🏠 麻布十番 紀文堂
あざぶじゅうばん きぶんどう

昔ながらの素朴な焼菓子

明治43年(1910)創業の手焼き銘菓の店。七福神をかたどった人形焼1個140円、ふんわり生地でカスタードクリームやあんずジャムを包んだワッフル1個200円〜が人気。

☎03-3451-8918
🏠港区麻布十番2-4-9
🕐9:30〜19:00　🈺火曜(祝日の場合は翌日)　MAP P105B3

歴史の名残を辿り
大小の坂を歩く

19

南部坂

赤坂
・あかさか・

● 歩く時間 >>>
約1時間40分

● 歩く距離 >>>
約5km

● おすすめ季節 >>>
春 🌸（3~4月）

江 戸時代には花街として
知られ、明治以降は軍
人と政治家・官僚の街に。
昭和35年（1960）のTBSの誕
生で芸能人やファッションモ
デルが街を闊歩するように
なり、昭和39年（1964）の東
京オリンピックでも大きく変
容した赤坂。その名残を求
めつつ、『忠臣蔵』ゆかりの
南部坂をはじめとしたいろ
いろな坂もたどってみたい。

（ おさんぽアドバイス ）

名前のとおり、坂が多い街なの
で時間をかけてゆっくりと散策を
楽しみたい。季節は赤坂サカス
で桜が満開になる春がおすすめ。

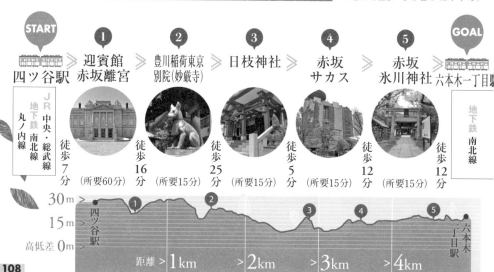

START
四ツ谷駅
JR 中央・総武線
地下鉄 南北線
丸ノ内線

徒歩7分

❶ 迎賓館
赤坂離宮
（所要60分）

徒歩16分

❷ 豊川稲荷東京
別院（妙厳寺）
（所要15分）

徒歩25分

❸ 日枝神社
（所要15分）

徒歩5分

❹ 赤坂
サカス
（所要15分）

徒歩12分

❺ 赤坂
氷川神社
（所要15分）

徒歩12分

GOAL
六本木一丁目
地下鉄 南北線

30m
15m
高低差0m

四ツ谷駅

❶ ❷ ❸ ❹ ❺

六本木一丁目駅

距離 > 1km > 2km > 3km > 4km

❶ 迎賓館赤坂離宮
げいひんかんあかさかりきゅう

明治の技術が集結した名建築

明治42年（1909）、当時の東宮（のちの大正天皇）の住居として造営。日本唯一のネオ・バロック様式の宮殿建築物で、現在は海外の賓客を迎える迎賓館に改修されている。参観は予約不要なものと事前予約が必要なツアーがあるので、HPで確認を。

☎03-5728-7788　⊕港区元赤坂2-1-1　⊕10:00〜17:00（最終受付は本館16:00、庭園16:30）　⊛水曜（公式HPを参照）　⊕本館・庭園1500円　MAP P109A2

左）現在、公式晩餐会が催される「花鳥の間」。花や鳥の七宝焼が飾られている　右）かつて舞踏室として使用されていた「羽衣の間」

平成21年（2009）には本館や正門などが国宝に指定

❷ 豊川稲荷東京別院（妙厳寺）
とよかわいなりとうきょうべついん（みょうごんじ）

お稲荷様だが神社ではなくお寺

江戸時代、徳川8代将軍吉宗に抜擢されて活躍した大岡越前守忠相が、赤坂一ツ木の大岡邸に祀ったことに始まり、明治期に現在地に移転。境内には本殿のほか、子宝観音や七福神、融通稲荷、身代わり地蔵などが祀られている。

☎03-3408-3414　⊕港区元赤坂1-4-7　⊕6:30〜20:00開門　⊛無休　⊕参拝自由　MAP P109B3

右に烏帽子の神猿像（雄）、左に頭巾で子抱きの神猿像（雌）

❸ 日枝神社
ひえじんじゃ

拝殿前に神猿の石像が鎮座

江戸の総鎮守で、庶民の間では「山王さん」の愛称で親しまれてきた神社。徳川家康が江戸に居城を定めて以来、徳川将軍家の産神として崇敬された。古くから猿が神の使いであるとされ、拝殿の前の左右に、雌雄の神猿像が立つ。

☎03-3581-2471　⊕千代田区永田町2-10-5　⊕6:00〜17:00（授与所・朱印所8:00〜16:00、祈祷受付・宝物殿9:00〜16:00）　⊛無休　⊕参拝自由　MAP P109C3

本殿の手前左右には狛犬でなく狐像が立つ

④ 赤坂サカス
あかさかさかす

テレビ局を主とした赤坂の中心

赤坂のシンボルの一つ

☎03-5114-1212（赤坂Bizタワー）☎03-3589-2277（赤坂ACTシアター）　⑭港区赤坂5-3　⑯⑰⑱施設や店により異なる　MAP P109B3

TBS放送センター、赤坂サカス広場、赤坂Bizタワー、TBS赤坂BLITZスタジオ、TBS赤坂ACTシアター、赤坂Bizタワーによる複合施設。ショップやレストランも多く、敷地内に約100本の多彩な桜が植えられていることでも知られる。

⑤ 赤坂氷川神社
あかさかひかわじんじゃ

四季折々の魅力がたっぷり

天暦5年(951)、赤坂一ツ木台地に創建され、享保15年(1730)、徳川8代将軍吉宗が現在地に遷宮させた古社。境内には勝海舟ゆかりの四合稲荷神社や天然記念物の大イチョウなどがあり、珍しい狛犬も見られる。

☎03-3583-1935　⑭港区赤坂6-10-12　⑯⑰⑱境内自由　MAP P109B4

上)享保15年(1730)建造の社殿
右)樹齢400年を超える大銀杏

■ 歴史を学ぶ

壮年から晩年まで赤坂で暮らした勝海舟

明治維新の江戸城無血開城の際、幕府の代表として西郷隆盛と交渉した勝海舟は、安政6年(1859)のときから明治元年(1868)まで赤坂氷川神社裏手(勝海舟邸跡A　P109B3・C3)に住んだ。海舟暗殺を企てた坂本龍馬が訪れたのも、この地だ。明治5年(1872)から77歳で没するまでは赤坂近く、現在のサン・サン赤坂の社殿邸跡B）に。
P109B3・C3 MAP

解説の標柱が建てられている

赤坂

おさんぽの途中に！　立ち寄りグルメ＆ショップ

☕ しろたえ赤坂
しろたえあかさか

ケーキはどれも上品な味わい

昭和51年(1976)から一ツ木通りに店を構えるカフェ&洋菓子店。なめらかな舌ざわりのレアチーズケーキ300円など。飲み物は紅茶、コーヒー各450円～。

☎03-3586-9039　⑭港区赤坂4-1-4　⑯10:30～19:30（祝日は～19:00）※ティールームは17:30LO　⑰日・月曜　MAP P109B3

🍴 にっぽんの洋食 赤坂 津つ井
にっぽんのようしょく あかさか つつい

南部坂の坂上に立つ老舗

昭和25年(1950)の創業以来、日本人が食べやすい「箸で食べる洋食」を極めてきた店。たまり醤油をタレに使用した名物ビフテキ丼3350円、オムライス1800円など。

☎03-3584-1851　⑭港区赤坂2-22-24 泉赤坂ビル1階　⑯11:30～14:30LO、17:00～21:30LO　⑰土・日曜、祝日　MAP P109C4

🛍 とらや 赤坂店
とらや あかさかてん

木のぬくもりあふれる店内

室町時代後期に京都で創業。江戸時代を通じて御所御用を務め、東京遷都の際、東京にも店を開設。定番の羊羹は竹皮包1本3024円、小形1本324円。季節の生菓子も揃う。

☎03-3408-2331　⑭港区赤坂4-9-22　⑯9:00～18:00（土・日曜、祝日は9:30～）　⑰毎月6日(12月を除く)　MAP P109B3

日本の政治の中心地を社会科見学がてら散策

永田町
・ながたちょう・

● 歩く時間 >>>
約1時間

● 歩く距離 >>>
約3.5km

● おすすめ季節 >>>
春🌸（4~5月）、秋🍁（10~11月）

国会議事堂を中心に、周辺を散策。現在の政治の中心で、外務省や国土交通省、さらに警視庁なども、このエリアにある。最後は北へ足を延ばし、徳川家とゆかりの深い平河天満宮へ。なお、憲政記念館のある高台は、江戸時代に加藤清正や井伊直弼の屋敷があった地。明治時代には参謀本部・陸軍省が置かれていた。

（ おさんぽアドバイス ）

時間があれば、国立国会図書館にしばし立ち寄るのもいい。なお、エリア内には食事処や喫茶店が少ないので注意。

START 霞ヶ関駅
地下鉄
丸ノ内線
日比谷線
千代田線

徒歩3分

① 法務省旧本館（赤れんが棟）
（所要15分）

徒歩20分

② 国会議事堂
（所要60分）

徒歩2分

③ 衆議院憲政記念館
（所要30分）

徒歩15分

④ 平河天満宮
（所要20分）

徒歩5分

GOAL 半蔵門駅
地下鉄
半蔵門線

30m
15m
高低差0m　霞ヶ関駅

距離 >1km　>2km　>3km　半蔵門駅

❶ 法務省旧本館（赤れんが棟）

ほうむしょうきゅうほんかん（あかれんがとう）

煉瓦造り3階建ての堂々たる建物

明治28年（1895）、司法省庁舎として建造。昭和20年（1945）の東京大空襲で煉瓦壁と煉瓦床を残して焼失し、改修後は法務省本館として使用された。平成6年（1994）に創建時の外観に復原され、館内の法務史料展示室・メッセージギャラリーを一般公開。

☎非公開　📍千代田区霞が関1-1-1
🕐休外観見学自由
［法務史料展示室］
☎03-3592-7911
🕐10:00〜18:00（入室は〜17:30。第3金曜は〜16:00、入室は〜15:30）　休土・日曜、祝日　💴入室無料　MAP P113C3

内部は非公開だが、法務史料展示室・メッセージギャラリーの見学を通して、建物の一端にふれられる

法務史料展示室は旧司法大臣官舎大食堂を復原

写真提供：参議院事務局

参議院本会議場

銅像が立つ中央広間

豪華な造りの御休所

正面に向かって右手が参議院、左手が衆議院

❷ 国会議事堂

こっかいぎじどう

日本の国会の現場を見学できる

地上3階（中央部4階、中央塔9階）、地下1階建ての国会議事堂。参議院見学は係の人が案内。参観ロビー、参議院本会議場、天皇陛下の御休所、皇族室、中央広間、前庭を回る。

☎03-5521-7445（参議院警務部傍聴参観係）、☎03-5512-3939（サービスホン・テープ案内）　📍千代田区永田町1-7-1
🕐参議院見学は参観受付窓口（参議院西通用門横）で9:00〜16:00受付（17:00見学終了）　休土・日曜、祝日、参議院本会議開会中など　💴見学無料　MAP P113B3

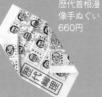

❸ 衆議院憲政記念館
しゅうぎいんけんせいきねんかん

国会や憲政の歩みを知る

国会の組織や運営などを資料や映像によって分かりやすく紹介するとともに、憲政の歴史や憲政功労者に関係のある資料を収集して常時展示。新憲政記念館建築中のため代替施設にて開館。

上）2022年より代替施設に移転　右）議場体験コーナーもある

☎03-3581-1651　🏠千代田区永田町1-8-1
🕐9:30〜17:00(入館は〜16:30)　🈺毎月月末
🎫入館無料　MAP P113B2

❹ 平河天満宮
ひらかわてんまんぐう

神牛がはべる徳川ゆかりの天神様

上）太田道灌が江戸城に設けた宮社が起源
左）天保15年(1844)に建立された銅鳥居

紀州、尾張徳川家や井伊家の祈願所だった古社。菅原道真を主神とし、八幡神や徳川家康も祭る。石牛が境内に5体鎮座し、その一つの撫で牛は気になる箇所をなでるとご利益があるそう。

☎03-3264-3365　🏠千代田区平河町1-7-5
🕐🈺🈺参拝自由　MAP P113A1

🏃 歩きたい 散 歩 道

> 緑豊かな国会前庭をのんびり散策しよう

MAP P113B3

国会議事堂の東側にあるのが国会前庭。洋式庭園の北地区と和式庭園の南地区からなり、国会正門からまっすぐ延びる並木道をはさんでいる。緑豊かで、みどころもいくつか点在。

○日本水準原点標庫：明治24年(1891)建造。小規模だがローマ風神殿建築になったレリーフが施されている。
○時計塔：三権分立を象徴した三面塔星型で国会前庭のシンボルになっている。

日本水準原点標庫

永田町

🚶 おさんぽ の 途中に！　立ち寄りグルメ＆ショップ

🍴 赤坂 四川飯店
あかさか しせんはんてん

名料理人による本格四川料理

日本に四川料理を広めた陳建民氏が創業。熟成した四川省の豆板醤を使用したコク深い四川飯店伝統の麻婆豆腐2000円(写真)のほか、月替わりのコースもおすすめ。

☎03-3263-9371　🏠千代田区平河町2-5-5　全国旅館会館5・6階　🕐11:30〜14:00LO、17:00〜21:00LO　🈺月曜　MAP P113A2

☕ 甘味おかめ 麹町店
かんみおかめ こうじまちてん

昔ながらの心づくしの甘味

昭和21年(1946)に有楽町で開業した老舗甘味処。小豆と砂糖だけで作る自家製餡たっぷりのおはぎ1個300円や、素材にこだわったクリームあんみつ890円(写真)など。

☎03-5275-5368
🏠千代田区麹町1-7 フェルテ麹町1・7 1階　🕐10:30〜18:00
🈺土・日曜、祝日　MAP P113A1

🍴 鼓月 東京本店
こげつ とうきょうほんてん

サクッと口ほどけがいい

昭和20年(1945)に京都で創業した菓子店。幅広く愛されるプレミアム千寿せんべい6枚入り1134円〜のほか、フルーツをふんだんに使用した果実饅頭・摘み果など季節ごとの和菓子を販売。

☎03-5211-5110　🏠千代田区麹町3-1-7　🕐9:00〜19:00(祝日は10:00〜18:00)　🈺日曜　MAP P113A1

水と緑に囲まれた都心のオアシス

21

● 歩く時間 >>>
約**45分**

● 歩く距離 >>>
約**2.8km**

● おすすめ季節 >>>
春🌸(4月)

九段エリアの大半を占める北の丸公園は旧江戸城北の丸で、明治以降は近衛師団(近衛歩兵)が置かれた。周囲のお堀や門には江戸時代の面影が残り、北の丸公園の南端に立つ近衛師団関連も、旧近衛師団司令部庁舎に加え、記念碑が立つ。靖國神社から外濠へと続くエリアには、緑の中に多くの学校が点在している。

おさんぽアドバイス

エリア内には、美術館をはじめみどころが多く、北の丸公園と周辺は桜の名所として知られる。気ままに寄り道も楽しみたい。

START
竹橋駅

地下鉄
東西線

▶

①
東京国立
近代美術館

徒歩
3分

(所要60分)

▶

②
科学技術館

徒歩
5分

(所要60分)

▶

③
北の丸公園

徒歩
すぐ

(所要15分)

▶

④
靖國神社

徒歩
7分

(所要30分)

▶

GOAL
飯田橋駅

JR
総武線
地下鉄
東西線
有楽町線
南北線
大江戸線

徒歩
15分

40m >
20m >
高低差 0m >

竹橋駅
① ② ③ ④
飯田橋駅

距離 >**1km** >**2km**

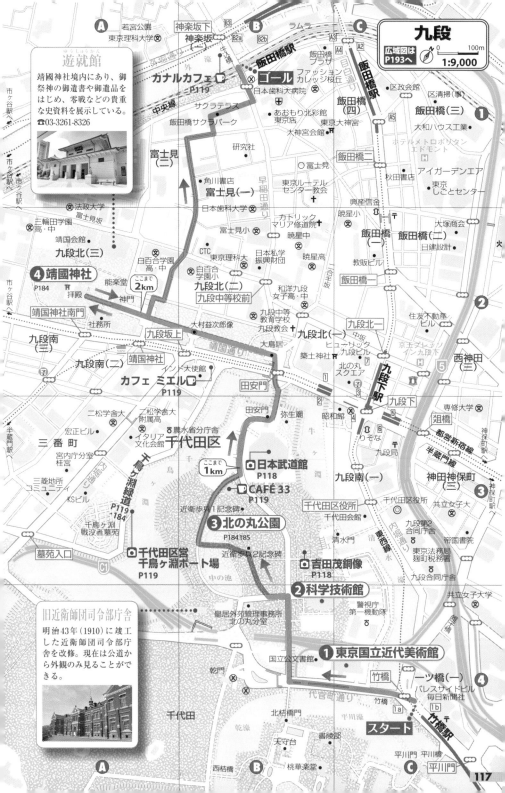

❶ 東京国立近代美術館
とうきょうこくりつきんだいびじゅつかん

日本の近現代美術の歴史を堪能

　国内最大規模、国内外の近現代美術作品約1万3000点を収蔵する日本最初の国立美術館。所蔵作品展や企画展のほか、毎日開催される対話による所蔵品ガイドも好評。館内には展望休憩室もある。

☎050-5541-8600(ハローダイヤル)
⮑千代田区北の丸公園3-1
⏰10:00～17:00(金曜は～20:00、入館は閉館30分前まで)
⛔原則月曜(祝休日の場合は翌平日)、展示替え期間
💴所蔵作品展観覧500円(企画展は別途)　MAP P117C4

ミュージアムショップでは、『生々流転』マスキングテープ550円などが人気

萬鉄五郎
『裸体美人』
(国指定重要文化財)

右)北の丸公園の南側入口近くに立つ

豆知識

吉田茂銅像
よしだしげるどうぞう

園内にたたずむ
歴史的政治家の銅像

　九段エリアには銅像や記念碑が多い。例えば北の丸公園に立つ吉田茂銅像。戦後まもなくの首相で、昭和26年(1951)、サンフランシスコ平和条約に調印したことで知られている。死後は日本武道館で戦後初の国葬が執り行われた。

MAP P117B3

清水門から園内に入ると右手に現れる

歴史を学ぶ

ビートルズ公演の伝説が残る日本武道館
にっぽんぶどうかん

　屋根に輝く擬宝珠が「大きなタマネギ」と歌われた日本武道館。昭和41年(1966)の東京オリンピックを機に昭和39年(1964)誕生。柔道や剣道などの公演も数多く行われている。全国大会が開かれる武道の殿堂だ。またビートルズ以来、内外のアーティストの公演も数多く行われている。

☎03-3216-5100
⮑千代田区北の丸公園2-3
⏰⛔開催イベントにより異なる
MAP P117B3

---

❷ 科学技術館
かがくぎじゅつかん

現代科学のワンダーランド

　身近な乗り物や機械から情報通信まで、最新の科学と技術に関する情報を、多彩な体験型の展示装置を駆使して紹介している。観て、ふれて、身体全体で遊びながら、身近な不思議や科学のおもしろさが理解できる。

☎03-3212-8544
⮑千代田区北の丸公園2-1
⏰9:30～16:50(入館は～16:00)　⛔一部の水曜(学校休み期間などは開館)
💴入館950円　MAP P117B4

上)ゲーム感覚で楽しめる運転シミュレーター
右)建物1階のエントランス右には関連グッズのショップもある

❸ 北の丸公園
きたのまるこうえん

旧江戸城・北の丸が公園に

　皇居の北に位置する面積19万m²余りの公園。ともに国指定重要文化財の田安門、清水門などに江戸城の姿を色濃く残すほか、芝生広場や池、樹林帯などが整備されている。桜の名所としても知られている。

☎03-3211-7878（平日8:30〜17:15）　営休料千代田区北の丸公園1-1　時休料入園自由　MAP P117B3

上）北の入口に立つ田安門
右）池や芝生広場などを巧みに配置

上）境内内苑の拝殿と中門鳥居
右）参道に立つ大村益次郎銅像

❹ 靖國神社
やすくにじんじゃ

幕末以降の戦歿者を祀る

　起源は明治2年（1869）、戊辰戦争の戦歿者慰霊のために明治天皇の思し召しで創建された招魂社。その後、靖國神社と改称。境内には東京管区気象台が指定した東京の桜の標本木がある。

☎03-3261-8326　住千代田区九段北3-1-1　時休料境内自由、内苑は6:00〜18:00（季節により変動あり）　MAP P117A2

歩きたい 散歩道

水上からの景色は必見
千鳥ヶ淵でボート遊び

　北の丸公園の西に接するお濠に沿った千鳥ヶ淵。千鳥ヶ淵緑道は桜の名所。千代田区営千鳥ヶ淵ボート場でボートに乗れば、春の桜はもちろん、四季の緑などが上からや水上から楽しめる。また緑道脇には千鳥ヶ淵戦没者墓苑もある。

[千代田区営千鳥ヶ淵ボート場]
☎03-3234-1948
住千代田区三番町2先
時11:00〜16:30（土・日曜、祝日は〜17:30、季節により変動あり）　休月曜（祝休日の場合は翌日）、12〜2月　料60分1000円（桜の時期は1600円）
MAP P117A3

「春のポップな千鳥ヶ淵」
撮影：浦木香苗

おさんぽの途中に！　立ち寄りグルメ＆ショップ

☕ カフェミエル
かふぇみえる

お堀端の隠れ家的カフェ

クラシックな雰囲気で落ち着けるカフェ。オールドビーンズ使用のコーヒー700円〜、ケーキ660円などのほか、ハンバーグサンド800円などのフードもある。

☎03-3262-8878　住千代田区九段南2-2-8　時9:00〜20:20LO（土曜は11:00〜17:30LO）　休日曜、祝日　MAP P117B2

☕ CAFÉ 33
かふぇ さーてぃすりー

日本武道館前に立つカフェ

北の丸公園内にあり、窓が広く開放的な店内やテラス席から緑を見ながらひと休みできる。ピッツァ マルゲリータ850円（写真）などのほか、ドリンク類も種類豊富。

☎03-3214-3730　住千代田区北の丸公園1-1　時9:00〜17:00　休無休　MAP P117B3

☕ カナルカフェ
かなるかふぇ

外濠に面したレストラン

リゾート気分で食事や酒が楽しめる。オープンエアのデッキと屋内レストランを完備。スイーツ650円〜やピザセット1800円など、軽食から本格イタリアンまで揃う。

☎03-3260-8068　住新宿区神楽坂1-9　時11:30〜22:00（日曜、祝日は〜21:30）　休不定休　MAP P117B1

池袋
お茶の水・神田 上野
新宿 ★
渋谷 ● 東京
● 新橋
● 品川

お茶の水
おちゃのみず

神田
・かんだ・

● 歩く時間 >>> 約**1時間**　　　　● 歩く距離 >>> 約**3.5km**

START
末広町駅

地下鉄
銀座線

≫ **①** お茶の水
おりがみ会館

（所要15分）

徒歩10分

徒歩3分

≫ **②** 神田明神
（神田神社）

（所要15分）

徒歩3分

≫ **③** 湯島聖堂

（所要10分）

徒歩2分

≫

40m ＞ 末広町駅
20m ＞
高低差 0m ＞

① ② ③ ④

距離 ＞ **1km**

神田明神の境内にある
「少彦名命ご尊像」

歴史好きと食通を魅了する文化の街

　千代田区神田駿河台や文京区湯島などを指す通称がお茶の水。一般に、地名は「お茶の水」、駅名などは「御茶ノ水」と表記される。江戸時代には大名屋敷地で、このあたりにあった泉から湧く良質の水を、将軍のお茶用の水として献上したのが名前の由来といわれる。明治大学をはじめ、多くの大学が立ち並ぶ学生街としても知られるとともに、聖橋の北側には湯島聖堂と、江戸の総鎮守で古くから「神田っ子」に親しまれてきた神田明神（神田神社）、南側の本郷通り沿いにはギリシャ正教の聖堂・ニコライ堂があるなど、みどころも豊富だ。さらに、御茶ノ水駅東の淡路坂を下ると神田淡路町。神田川をはさんだ対岸には、旧万世橋駅の遺構を活用したマーチエキュート神田万世橋があり、神田駅方向へ向かえば老舗料理店が密集するエリアに出る。

おさんぽアドバイス

お茶の水の南方には、神田神保町古書店街と小川町のスポーツ用品店街、マーチエキュート神田万世橋からすぐの場所には秋葉原電気街と、名物マーケットも近い。時間があれば足を向けてみたい。

お茶の水・神田

● おすすめ季節 >>> 夏 🍃 (5~7月)

④ 聖橋	⑤ 明治大学博物館	⑥ ニコライ堂	⑦ マーチエキュート神田万世橋	GOAL 神田駅

（所要1分）	徒歩7分 （所要30分）	徒歩10分 （所要10分）	徒歩8分 （所要10分）	徒歩10分

JR
中央本線
山手線
地下鉄
銀座線

⑤　⑥　⑦　　神田駅

> 2km　　　　　> 3km

❶ お茶の水 おりがみ会館
おちゃのみずおりがみかいかん

染め場を見学できる

　染紙・千代紙製造の老舗が開いた"和紙文化"の館。千代紙や和紙製品、折り紙などの売場や紙にちなんだギャラリー展示に加え、染め紙工房も公開（作業内容によっては不可）。

☎03-3811-4025（代表）　🏠文京区湯島1-7-14　🕐9:30〜16:30　🅿日曜、祝日　💴入館無料　🅼🅰🅿P123B2

職人による染めの様子

❷ 神田明神（神田神社）
かんだみょうじん（かんだじんじゃ）

約1300年の歴史を誇る大明神

朱漆塗にした権現造の社殿内部。関東大震災後、昭和9年（1934）に竣工した

　天平2年（730）に創建された神社。平安中期の武将・平将門などを祀っている。第2代将軍徳川秀忠の時代に江戸総鎮守に定められ、以後尊崇を集めてきた。奇数年の5月中旬には江戸三大祭の一つ・神田祭（→P186）が行われる。

☎03-3254-0753　🏠千代田区外神田2-16-2　🕐境内自由（個人祈祷は9:00〜16:00）　🅿無休（資料館は臨時休館あり）　💴拝観無料（資料館は入館300円）　🅼🅰🅿P123B2

左）2018年12月には700人入れるホールなどがある文化交流館が開館
右）総檜造で建てられた随神門

大成殿には儒学の祖である孔子の像を祀っている

❸ 湯島聖堂
ゆしませいどう

日本の近代教育始まりの地

　江戸時代に幕府直轄の学校・昌平坂学問所があった場所。明治維新以降は、学問の拠点として文部省をはじめ、筑波大学や、お茶の水女子大学の前身が置かれた。木造総漆塗の入徳門などがみどころ。

☎03-3251-4606（斯文会）　🏠文京区湯島1-4-25　🕐9:30〜17:00（冬期は〜16:00）※大成殿は土・日曜、祝日のみ公開10:00〜（有料）　🅿8月13〜17日、12月29〜31日　💴見学自由　🅼🅰🅿P123B2〜3

❹ 聖橋
ひじりばし

東西の聖人をつなぐ橋

　昭和2年（1927）に完成した神田川に架かるアーチ橋。橋長は92m、幅員は22mある。橋を挟んで孔子を祭る湯島聖堂と、大主教ニコライが建立したニコライ堂を結ぶことから、この名前が選ばれた。デザイン設計はモダニズム建築の先駆者、山田守が手がけた。

🏠千代田区神田駿河台　🅼🅰🅿P123B3

ニコライ堂をイメージした橋の欄干が印象的

JR御茶ノ水駅の東端に架かっている

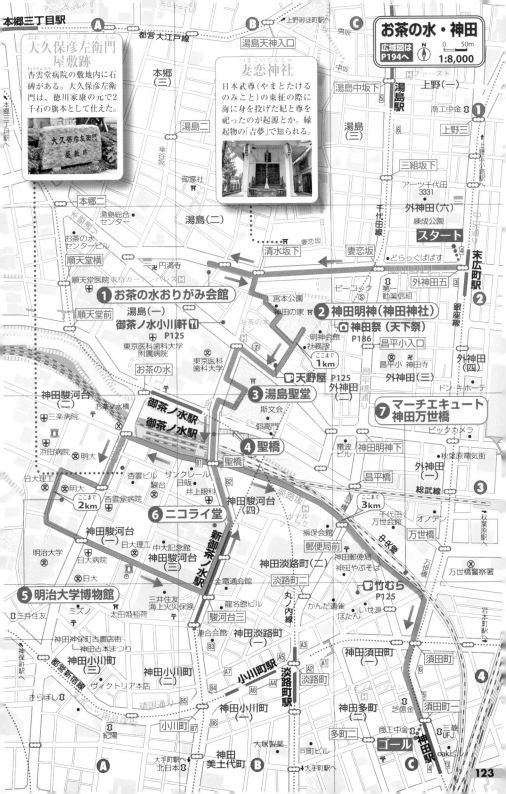

歴史を学ぶ

日本の学問の頂点だった 昌平坂学問所

儒学者・林羅山が開いた孔子廟（のちの湯島聖堂）は、元禄3年（1690）に5代将軍・綱吉の命で湯島の地に移された。寛政9年（1797）には幕府直轄の学問所として「昌平坂学問所」が誕生。旗本・御家人の子弟を中心に教育を行い、成績によっては役職の登用や昇進がなされたという。当時のエリートたちが歩いた道を歩いてみよう。

聖堂講釈図（東京大学史料編纂所所蔵模写）

❺ 明治大学博物館
めいじだいがくはくぶつかん

3つの部門いずれも充実した内容の展示

商品・刑事・考古の3部門で構成。商品部門では伝統的工芸品を展示。刑事部門では、十手などの江戸の捕者道具の実物資料や諸外国の拷問・処刑具（模型）が見られる。考古部門には群馬県岩宿遺跡の出土品など貴重な資料が並ぶ。

☎03-3296-4448　🏠千代田区神田駿河台1-1 アカデミーコモン地階　🕐10:00～17:00（土曜は～16:00）　🚫日曜・祝日、8月10日～16日、12月26日～1月7日、ほか臨時休館あり　💴常設展無料　MAP P123A3

手前から、商品部門、刑事部門、考古部門と続く

上）刑事部門の展示で右はニュルンベルクの鉄の処女、その奥がギロチンの実物大模型
左）考古部門の展示

❻ ニコライ堂
にこらいどう

異国情緒あふれる教会

明治24年（1891）に建てられた、日本最古にして最大級のビザンチン建築の大聖堂。ニコライ堂の名前は、日本に正教を伝えた大主教ニコライに由来している。聖像画が飾られた堂内は、静謐で荘厳な雰囲気がある。

☎03-3295-6879　🏠千代田区神田駿河台4-1-3　🕐堂内の見学は13:00～16:00（10～3月は～15:30）　🚫月曜　💴拝観300円　MAP P123B3

建物は国の重要文化財に指定されている

連続するレンガアーチが美しく、しかも力強い

豪華な赤煉瓦造りの万世橋駅を偲ぶ

万世橋駅の開業は明治45年（1912）。東京駅と同様に辰野金吾の設計による赤煉瓦造りで、食堂、バーなどを備えた豪華なものだった。大正時代に最盛期を迎えたが大正12年（1923）の関東大震災で焼失。その後は神田駅や秋葉原駅などができたこともあり役目を終え、解体縮小された駅舎の一部は、鉄道博物館（交通博物館）として利用された。

⑦ マーチエキュート神田万世橋
まーちえきゅーとかんだまんせいばし

旧万世橋駅が商業施設に！

赤レンガ造りの万世橋高架橋をリノベーションした商業施設。階段や壁面、プラットホームなど、旧万世橋駅や交通博物館時代の遺構を生かした空間の中に、趣味性や嗜好性の高いショップやカフェが並ぶ斬新さが話題だ。2階には、窓の外を電車が行き交い、テラス席も設けられたカフェがある。

館内はトンネル状の造りになっている

☎なし
🏠千代田区神田須田町1-25-4
🕐店舗により異なる(HP参照)
休不定休
MAP P123C3

マーチエキュート神田万世橋内にある万世橋駅ジオラマ

おさんぽの途中に！

立ち寄りグルメ＆ショップ

☕ 天野屋
あまのや

自然の味を生かした甘酒

弘化3年（1846）創業の老舗甘酒店。地下にある天然の土室で糀を育てている。名物の甘酒440円は、すっきりとした甘さが特徴。店頭で味噌や漬物、納豆なども販売している。

☎03-3251-7911　🏠千代田区外神田2-18-15　🕐10:00〜17:00（喫茶は〜16:00）　休2月の火曜、12月第1週の火曜、7月の海の日、8月10〜17日　MAP P123B2

☕ 竹むら
たけむら

江戸っ子が愛する甘味

昭和5年（1930）創業の甘味処。手作りの餡によるあんみつなどが揃う。定番人気の揚げまんじゅうは520円。ゴマ油で香ばしく揚げた生地に、なめらかなこし餡が入る。

☎03-3251-2328
🏠千代田区神田須田町1-19
🕐11:00〜19:40LO
休日・月曜、祝日　MAP P123C4

☕ 御茶ノ水小川軒
おちゃのみずおがわけん

ソースが絶品の伝統洋食

明治38年（1905）に開店した小川軒の御茶ノ水店。ハヤシライス2600円は、10日間かけて作るデミグラスソースが絶妙。ハンバーグやカニクリームコロッケなどもおすすめ。

☎03-5802-5420　🏠文京区湯島1-9-3地下1階　🕐11:30〜13:45LO、17:30〜19:30LO（要予約）　休日曜、祝日、第3土曜　MAP P123B2

路地裏に趣を感じる
多くの文人が愛した街

湯島本郷
・ゆしま・
・ほんごう・

コース **23**

●歩く時間 >>>
約**1時間10分**

●歩く距離 >>>
約**4.6km**

●おすすめ季節 >>>
早春🌸（2~3月）

江戸時代には武家屋敷が大半を占めていた湯島・本郷。明治時代に入ると、加賀藩上屋敷跡地に東京大学が開校し、樋口一葉や坪内逍遥、石川啄木など多くの文人が住居を構えた。菊坂周辺には、文人とゆかりの深い地が点在している。当時の情景を思い浮かべながら、細い路地を気の向くままに歩いてみたい。

> おさんぽアドバイス

最寄り駅は湯島駅、本郷三丁目駅、春日駅の3つ。湯島駅からスタートして、後半は本郷の路地歩きを楽しもう。

START 湯島駅	① 湯島天満宮（湯島天神）	② 旧岩崎邸庭園	③ 弥生美術館・竹久夢二美術館	④ 法眞寺	GOAL 春日駅
地下鉄 千代田線	徒歩2分	徒歩12分	徒歩15分	徒歩16分	徒歩11分 地下鉄 三田線 大江戸線
	（所要20分）	（所要40分）	（所要40分）	（所要15分）	

40m >
20m > 湯島駅
高低差 0m >

距離 > 1km > 2km > 3km > 4km 春日駅

❶ 湯島天満宮（湯島天神）
ゆしまてんまんぐう（ゆしまてんじん）

学問の神様を祀る神社

雄略天皇2年(458)、勅命により創建されたと伝えられる古社。学問の神様として信仰が厚い菅原道真公を祀り、受験シーズンには合格祈願に多くの学生が訪れる。境内には300本の梅の木が植えられ、梅の名所としても有名。2～3月には梅まつりが開催される。

総檜権現造りの本殿は平成7年(1995)の造営。梅の名所として名を高めた泉鏡花の小説『婦系図』の舞台として知られる

☎03-3836-0753
🏠文京区湯島3-30-1
🕐休料境内自由
MAP P127C4

境内の至る所に、願い事が書かれた絵馬が見られる

手水舎の横にある撫で牛

❷ 旧岩崎邸庭園
きゅういわさきていていえん

和洋の建築美を堪能する

三菱財閥の三代社長・岩崎久彌の本邸として明治29年(1896)に完成。当時は1万5000坪の敷地に20棟以上の建物があった。現存するのは、イギリス人建築家ジョサイア・コンドルが設計を手がけた洋館と撞球室、名棟梁・大河喜十郎による和館の3棟。敷地全体が国の重要文化財。

岩崎家の集まりや、賓客を招いてのパーティの際に使用した洋館。木造2階建て

☎03-3823-8340　🏠台東区池之端1-3-45
🕐9:00～17:00(入園は～16:30)
休無休　料入園400円
MAP P127C3

別棟の撞球室(ビリヤード場)もコンドルが設計したもの

❸ 弥生美術館・竹久夢二美術館
やよいびじゅつかん・たけひさゆめじびじゅつかん

ロマンあふれる作品に酔う

弥生美術館では、主に昭和初期に一世を風靡した挿絵画家・高畠華宵の作品を紹介。併設の竹久夢二美術館では、大正ロマンを象徴する画家として知られる竹久夢二の作品を常時200〜250点展示。

上)夢二は数多くの美人画を残した
右)レトロな外観も人気

☎03-3812-0012(弥生美術館)、03-5689-0462(竹久夢二美術館) 🏠文京区弥生2-4-3 🕐10:00〜17:00(入館は〜16:30) 🈺月曜(祝日の場合は翌日) 🎫2館共通で入館1000円 MAP P127C2

阿弥陀如来像を安置する本堂

❹ 法眞寺
ほうしんじ

幼少期の一葉が親しんだ寺

樋口一葉は明治9年(1876)、この寺の東隣に一家で移り住み、後年「桜木の宿」と呼ぶその家で5歳から9歳までを過ごした。当時遊んだ寺の若僧が、『たけくらべ』で主人公が心を寄せる「真如」のモデルともいわれている。

☎03-3813-8241
🏠文京区本郷5-27-11
🎫🕐🈺境内自由 MAP P127B3

湯島・本郷

おさんぽの途中に! 立ち寄りグルメ&ショップ

本郷 三原堂
ほんごう みはらどう

東京大学近くの老舗菓子処

昭和7年(1932)の創業以来、本郷三丁目交差点角に店を構える菓子処。名物の大学最中320円は粒餡と白隠元による白餡の2種。ほかに焼菓子なども多彩に揃う。

☎03-3811-4489 🏠文京区本郷3-34-5 🕐9:30〜18:00(土曜、祝日は10:00〜18:00) 🈺日曜
MAP P127B3

鳥つね 湯島天神前店
とりつね ゆしまてんじんまえてん

ランチの名物は親子丼

名古屋コーチンや比内地鶏などを厳選し、串焼きや、鍋など多彩なメニューで提供する店。昼は黄身が濃厚な赤玉卵で作った上親子丼1800円でコクと旨みを堪能しよう。

☎03-3831-2380 🏠文京区湯島3-29-3 🕐11:00〜13:30LO、17:00〜20:30LO 🈺日曜、祝日
MAP P127C4

つる瀬
つるせ

豆大福が有名な和菓子店

昭和5年(1930)創業。石臼でついた餅に赤エンドウ豆がたっぷり入る豆大福220円、梅じそを加えた白餡をういろう生地で包んだふく梅260円。

☎03-3833-8516 🏠文京区湯島3-35-8 🕐9:30〜19:00(日曜、祝日は〜18:00) 🈺月曜(祝休日の場合は翌日)
MAP P127C4

白山茗荷谷
・はくさん・ ・みょうがだに・

緑あふれる街で東京の四季を満喫

24

白山の地名にもなっている白山神社をはじめ、歴史ある寺社が点在する。神社でお参りした後は、白山通りから路地に入り、閑静な住宅街をゆっくり散歩しよう。日本最古の植物園である小石川植物園や、占春園など、緑地が多く、サクラや新緑、紅葉など四季折々の風景を楽しめるコースになっている。

● 歩く時間 >>>
約1時間20分

● 歩く距離 >>>
約5.3km

● おすすめ季節 >>>
春～秋 🌸🍃🍁 (3～10月)

おさんぽアドバイス

白山通りへは白山神社の境内から出ることができる。傾斜のきつい階段を下りるので、白山駅から迂回してもよい。

START 白山駅	① 白山神社	② 東洋大学 井上円了 記念博物館	③ 東京大学大学院 理学系研究科 附属植物園	④ 占春園	GOAL 茗荷谷駅
地下鉄 三田線	徒歩2分 (所要10分)	徒歩3分 (所要15分)	徒歩20分 (所要40分)	徒歩13分 (所要10分)	徒歩20分 地下鉄 丸ノ内線

40m
20m
高低差0m
白山駅
距離 > 1km > 2km > 3km > 4km 茗荷谷駅 > 5km

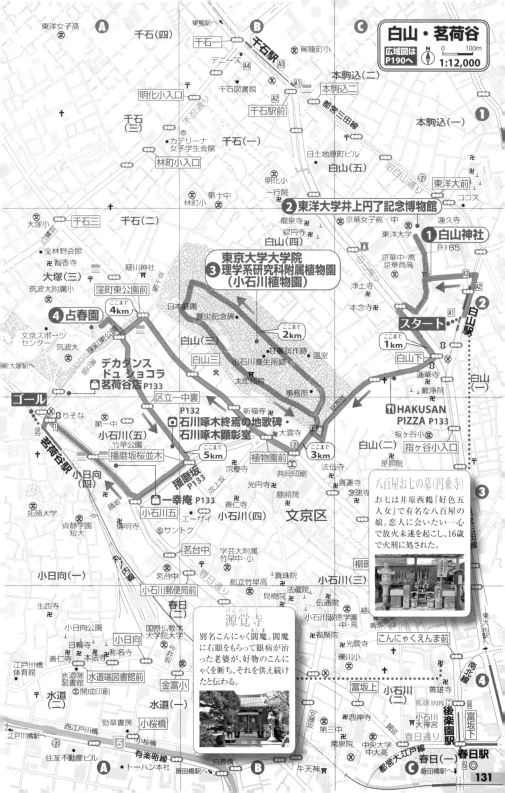

① 白山神社
はくさんじんじゃ

季節の花が彩る由緒ある神社

　天暦2年（948）に創建され、白山信仰の中心となった神社。縁結びや商談成立のご利益があり、お参りに訪れる人も多い。毎年6月上旬〜中旬の文京あじさいまつりの時期には、境内に植えられた約3000株のアジサイが咲き誇る。

🈲非公開
⊕文京区白山5-31-26
🕐休料境内自由（社務所は不定休）
MAPP131C2

春には境内のシダレザクラや白旗桜が満開になる

井上円了が使用した品々が並ぶ

博物館（5号館）前に井上円了の銅像が立つ

② 東洋大学井上円了記念博物館
とうようだいがくいのうええんりょうきねんはくぶつかん

妖怪博士の異名をもつ哲学者の生涯を辿る

　東洋大学の創立者・井上円了の自筆原稿、愛用の品、収集品のほか、東洋大学の歴史にかかわる資料などを展示。近代日本を代表する哲学者で、妖怪研究でも名を残した円了の生涯と業績を紹介する。

☎03-3945-8764　⊕文京区白山5-28-20東洋大学白山キャンパス　🕐9:30〜16:45（土曜は〜12:45）　休日曜、祝日、大学の休業日　料入館無料　**MAP**P131C2

歴史を学ぶ

石川啄木が最後を迎えた地

いしかわたくぼく

　小石川は、幸田露伴などの文人たちが居住した地。なかでも『一握の砂』などを残した岩手出身の詩人、石川啄木は、この地で生涯を終えた。啄木は上京した後、石川啄木顕彰室と終焉の地歌碑があり、本郷などで間借りしながら生活をしていたが、明治44年（1911）に、この地に借家を構え貧困のなか、26歳で没した。翌年現在は、隣接地に石川啄木顕彰室と終焉の地歌碑があり、啄木の足跡にふれることができる。

☎03-5803-1174（文京区アカデミー推進課観光担当）
⊕文京区小石川5-11-8
MAPP131A3

石川啄木終焉の地歌碑

③ 東京大学大学院理学系研究科附属植物園（小石川植物園）
とうきょうだいがくだいがくいんりがくけいけんきゅうかふぞくしょくぶつえん（こいしかわしょくぶつえん）

日本一の歴史を誇る植物園

　貞享元年（1684）に開園した小石川御薬園が前身。明治時代に東京大学の附属施設となって以来、小石川植物園の通称で親しまれている。約16万㎡の広大な敷地にサクラやイロハモミジの並木、ツバキ園などが点在する。

☎03-3814-0138
⊕文京区白山3-7-1
🕐9:00〜16:30（入園は〜16:00）
休月曜（祝休日の場合は翌日）
料入園500円
MAPP131B2

日本庭園は徳川綱吉が住んだ白山御殿の庭園の名残

高低差のある斜面地の地形を利用している

園内には遊歩道が設けられている

❹ 占春園
せんしゅんえん

都会の喧噪を離れた自然園

水戸徳川家の第2代藩主徳川光圀の弟・松平頼元が万治2年（1659）に構えた屋敷の庭園跡。当時は江戸でも有数の名園の一つだった。現在は筑波大学附属小学校の自然観察園としても利用され、自然のままの大木が生い茂る。

☎03-5803-1252（文京区みどり公園課）　🕐8:00～19:00（10～3月は～17:00）　🈳無休　💴入園無料　🗾P131A2

歩きたい散歩道

ピンクに染まる
播磨坂の桜並木
はりまざか

戦後の区画整理によってできた坂。昭和35年（1960）に花を植える運動が行われた際に、桜が植えられた。以来約500m続く道の両側に、ソメイヨシノや、サトザクラなど約120本の桜がトンネルのように咲き誇る。毎年3月下旬～4月上旬には文京さくらまつりが開催され、吹奏楽の演奏などが行われる。

☎03-5803-1941（文京区観光インフォメーション）　🏢文京区小石川4～5　🗾P131B3

まつり期間中の土・日曜は歩行者天国になることもある

おさんぽの途中に！ 立ち寄りグルメ＆ショップ

🍴 HAKUSAN PIZZA
はくさん ぴざ

手軽にナポリピザをいただく

種類豊富な手作りピザが人気の店。マルゲリータ1474円は飲み物とサラダとのセット1980円。テイクアウトも可。

☎03-6320-7189
🏢文京区白山2-37-4
🕐11:30～14:00LO、17:00～20:00LO（土・日曜、祝日は昼営業～15:00LO）　🈳月曜（祝休日の場合は翌日）　🗾P131C2

🏠 一幸庵
いっこうあん

上品な甘みが後を引く

茗荷谷で評判の和菓子の名店。大粒の栗がまるごと入った栗ふくませ、餡をパリパリの最中の皮にはさんで食べるあざぶ最中など。ほかに季節の和菓子も豊富に揃う。

☎03-5684-6591　🏢文京区小石川5-3-15　🕐10:00～16:00
🈳日～火曜、その他不定休あり
🗾P131A3

🏠 デカダンス ドュ ショコラ 茗荷谷店
でかだんす どゅ しょこら みょうがだにてん

宝石みたいなチョコ！

チョコレートや焼き菓子で知られるデカダンス ドュ ショコラの工場直売店。ボンボンショコラ9個入り2592円（写真）など贈り物にも絶好。

☎03-3943-9882
🏢文京区小石川5-6-9 ドミ小石川1階　🕐10:00～19:00
🈳火曜　🗾P131A2

白山・茗荷谷

賑やかな商店街を歩き
四季折々の庭園を愛でる

巣鴨・駒込

・すがも・

・こまごめ・

25

● 歩く時間 >>>
約1時間40分

● 歩く距離 >>>
約6.5km

● おすすめ季節 >>>
春🌸（3～4月）、初夏🌿（5～6月）

旧中山道である巣鴨地蔵通りは、江戸時代中期から商業の場として栄えた場所。現在は"おばあちゃんの原宿"とよばれ、元気なお年寄りたちで活気あふれている。また、このあたりは江戸時代に大名屋敷が点在し、その手入れのために多くの植木職人が住んでいたところ。六義園といった、一年中美しい庭園がある。

おさんぽアドバイス

約800m続く巣鴨地蔵通り商店街は、ゆっくり歩いて20分ほど。最終地点の旧古河庭園からは駒込駅へも徒歩12分で行ける。

START 駒込駅	❶ 六義園	❷ 東洋文庫ミュージアム	❸ とげぬき地蔵尊 髙岩寺	❹ 旧古河庭園	GOAL 上中里駅
JR 山手線 地下鉄 南北線	徒歩7分 （所要30分）	徒歩3分 （所要60分）	徒歩20分 （所要20分）	徒歩26分 （所要30分）	徒歩7分 JR 京浜東北線

40m >
20m >
高低差 0m >

駒込駅

❶ ❷ ❸ ❹

上中里駅

距離 > 1km > 2km > 3km > 4km > 5km > 6km

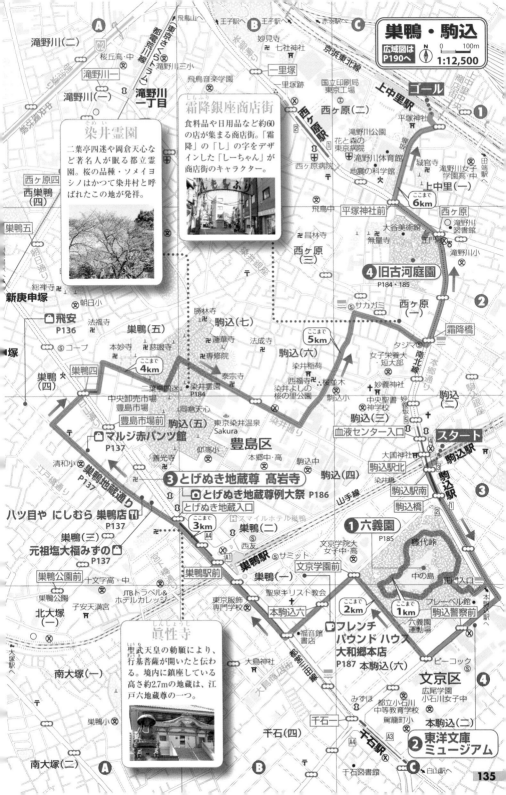

巣鴨・駒込

広域図はP190へ
N
0 100m
1:12,500

染井霊園
二葉亭四迷や岡倉天心など著名人が眠る都立霊園。桜の品種・ソメイヨシノはかつて染井村と呼ばれたこの地が発祥。

霜降銀座商店街
食料品や日用品など約60の店が集まる商店街。「霜降」の「し」の字をデザインした「しーちゃん」が商店街のキャラクター。

④ 旧古河庭園 P184・185

ここまで 6km

ここまで 5km

ここまで 4km

③ とげぬき地蔵尊 高岩寺
とげぬき地蔵尊例大祭 P186
とげぬき地蔵入口

ここまで 3km

① 六義園

ここまで 2km

ここまで 1km

駒込警察前

文京区

眞性寺
聖武天皇の勅願により、行基菩薩が開いたと伝わる。境内に鎮座している高さ約2.7mの地蔵は、江戸六地蔵尊の一つ。

フレンチ パウンド ハウス 大和郷本店 P187 本駒込(六)

② 東洋文庫 ミュージアム

昭和28年(1953)に国の特別名勝に指定された。紅葉の名所としても知られる

❶ 六義園
りくぎえん

江戸時代を代表する大名庭園

徳川5代将軍綱吉の側用人・柳澤吉保が、元禄15年(1702)に自ら造り上げた回遊式築山泉水庭園。『万葉集』や『古今集』に詠まれた紀州和歌の浦や中国の古典にちなんだ景色を「六義園八十八境」として取り込んでいる。3月下旬のシダレザクラや4月のツツジ、11月下旬からの紅葉など四季折々美しい。

☎03-3941-2222 🏠文京区本駒込6-16-3
🕒9:00〜17:00(入園は〜16:30) 🈺12月29日〜1月1日
💴入園300円 🗺️P135C3

小石川後楽園とともに江戸の二大庭園と称された

❷ 東洋文庫ミュージアム
とうようぶんこみゅーじあむ

アジア全域の資料が集まる

三菱第三代社長岩崎久彌が、大正13年(1924)に設立した東洋学の研究・図書館である東洋文庫。世界でも屈指の所蔵数を誇る東洋学の資料を、併設のミュージアムで公開。国宝や重要文化財など貴重な展示もあり、見ごたえ十分。

☎03-3942-0280
🏠文京区本駒込2-28-21 🕒10:00〜17:00 🈺火曜、その他臨時休館あり
💴入館900円
🗺️P135C4

併設のレストランは入館無料で利用可能

貴重な所蔵本が並ぶ圧巻の「モリソン書庫」

❸ とげぬき地蔵尊 髙岩寺
とげぬきじぞうそん こうがんじ

心身のとげを抜くとげぬき地蔵尊

慶長元年(1596)に創建。本尊は病気平癒・健康長寿にご利益があるとげぬき地蔵尊(延命地蔵菩薩)。年間の参拝者は約800万人。1・5・9月の24日は大祭大法要だ。境内にあり、洗った所がよくなるというご利益で知られる「洗い観音」も人気。

☎03-3917-8221 🏠豊島区巣鴨3-35-2 🕒6:00〜17:00(毎月4・14・24日は〜20:00) 🈺無休 💴拝観自由 🗺️P135A3

本堂で授与されている「御影(おみかげ・おすがた)」には本尊の尊影が5体入っている。針を誤飲した女性に飲ませたところ、針が地蔵尊影を貫いて出たのがとげぬきの由来

巣鴨地蔵通り商店街に面した立派な山門から入ると正面奥に国の登録有形文化財の本堂が立つ

洋館は大正6年（1917）に古河虎之助の邸宅として建てられた

④ 旧古河庭園
きゅうふるかわていえん

和洋が調和した名勝地

　武蔵野台地の地形を生かし、北側の小高い丘には洋館、斜面に洋風庭園、低地に日本庭園を配する。洋館と洋風庭園の設計者は、英国人建築家のジョサイア・コンドル。春と秋には約100種類のバラが洋風庭園を彩る。日本庭園は京都の庭師、小川治兵衛が手がけた。

洋風庭園の先には心字池を中心とした日本庭園が広がる

☎03-3910-0394　🚇北区西ヶ原1-27-39　🕐9:00〜17:00（入園は〜16:30）　🈂無休　🈁入園150円　MAP P135C2

観光クローズアップ

◎巣鴨地蔵通り
すがもじぞうどお

巣鴨駅からとげぬき地蔵尊髙岩寺へと向かうメインストリート。飲食店やミセス向け衣料品店など約200店舗が軒を連ねる。毎月4の付く日は髙岩寺の縁日にあたり、露店が並び賑やか。

飛安
とびやす

たい焼き1個130円。厚みのある生地に粒餡がぎっしり。MAP P135A3

マルジ赤パンツ館
まるじあかぱんつかん

巣鴨名物の赤パンツ900円〜など真っ赤な肌着がズラリ。MAP P135A3

巣鴨・駒込

おさんぽ の 途中に！　## 立ち寄りグルメ＆ショップ

🍴 八ツ目や にしむら 巣鴨店
やつめや にしむら すがもてん

鰻ひと筋約100年の老舗

備長炭でじっくりと焼いた鰻はふっくらとやわらかく、先代から受け継いだ秘伝のタレとの相性も抜群だ。定番人気なのは鰻重上定食4100円〜と蒲焼き定食3600円〜。どちらも肝吸いが付く。

☎03-3910-1071　🚇豊島区巣鴨3-34-2　🕐10:30〜19:00（7と8の付く日（土・日曜、祝日の場合はその前後の平日）　MAP P135A3

☕ フレンチパウンドハウス
ふれんちぱうんどはうす

絶品ショートケーキが名物

六義園にほど近いケーキショップ＆カフェ。看板商品のショートケーキ907円は米粉を使った軽い食感のスポンジにイチゴがたっぷり。平日のみカフェも営業している。

☎03-3944-2108　🚇豊島区巣鴨1-4-4　🕐10:00〜19:00　🈂無休（喫茶は土・日曜、祝日休み）　MAP P135B3

🛍 元祖塩大福みずの
がんそしおだいふくみずの

巣鴨名物塩大福発祥の店

昭和12年（1937）創業の老舗。甘さと塩味のバランスが絶妙な塩大福1個130円は参拝みやげの定番で、石臼でついた餅を使うなど製法や素材にもこだわる。

☎03-3910-4652　🚇豊島区巣鴨3-33-3　🕐9:30〜18:30　🈂不定休　MAP P135A3

江戸～東京の歴史と文化の香りを訪ねて

雑司ヶ谷
・ぞうしがや・

● 歩く時間 >>>
約1時間30分

● 歩く距離 >>>
約5.4km

◉ おすすめ季節 >>>
春・秋🌸🍁（3・9月）

元禄時代に建てられた観音堂が残る護国寺、かつては作家や文学者、画家など多くの文化人が住んだ雑司ヶ谷。現在も規模の大きな雑司ヶ谷霊園には数多くの著名人、文化人らが眠っており、お彼岸ごろを中心にファンらがお参りをする姿が目立つ。閑静な園内がやや華やいで見えるのも、この土地ならでは。

> おさんぽアドバイス

雑司ヶ谷霊園を出ると、住宅街を歩くことに。狭く込み入った道では迷わないように。地図と案内板に注意を。

START
雑司が谷駅 〉〉

地下鉄
副都心線
都電
鬼子母神前駅

①
雑司ヶ谷鬼子母神堂 〉〉
徒歩5分
（所要20分）

②
雑司ヶ谷霊園 〉〉
徒歩15分
（所要30分）

③
肥後細川庭園 〉〉
徒歩25分
（所要20分）

④
護国寺 〉〉
徒歩30分
（所要30分）

GOAL
護国寺駅
徒歩1分

地下鉄
有楽町線

50m
25m
高低差 0m

雑司が谷駅　距離 〉1km 〉2km 〉3km 〉4km 護国寺駅 〉5km

❶ 雑司ヶ谷鬼子母神堂
ぞうしがやきしもじんどう

鬼ならぬ安産・子育の神様

現在の堂宇は寛文4年(1664)、広島藩主浅野光晟の正室が寄進。昭和54年(1979)、江戸時代の姿に戻す大修復が行われ、平成28年(2016)に国の重要文化財に指定された。祀られている鬼子母神像は永禄4年(1561)、現在の文京区目白台から出土したものとか。

「鬼」の字のツノがない点に注目

鬼子母神の石像には常にお供え物が絶えない

☎ 03-3982-8347
🏠 豊島区雑司が谷3-15-20
🕐 6:30〜17:00　休 参拝自由
MAP P139A1

観光クローズアップ

◎ 鳩山会館
はとやまかいかん

政治家一族の旧邸

大正13年(1924)、鳩山一郎の自宅として建設。"音羽御殿"とよばれる英国風豪邸で、鳩山由紀夫、弟の邦夫両氏もここで育った。バラが見事な庭園と庭から望む外観、ステンドグラスなど、みどころが満載。

☎ 03-5976-2800
🏠 文京区音羽1-7-1　🕐 10:00〜16:00(入館は〜15:30)
休 月曜(祝日の場合は翌日)
💴 入館600円　MAP P139C4

庭園に面した明るい英国風サンルーム。ここで政治談議も

観光クローズアップ

◎ 豊島区立雑司が谷旧宣教師館
としまくりつぞうしがやきゅうせんきょうしかん

豊島区最古の木造洋館

明治40年(1907)、アメリカ人宣教師マッケーレブの自宅として建造。建物の造作は19世紀後半のアメリカ郊外住宅の特色が色濃く見られ、四季の花が植えられた庭とともに楽しめる。

☎ 03-3985-4081　🏠 豊島区雑司が谷1-25-5　🕐 9:00〜16:30
休 月曜、第3日曜、祝日の翌日
💴 入館無料　MAP P139B2

豊島区に現存するものでは最古の近代木造洋風建築

❷ 雑司ケ谷霊園
ぞうしがやれいえん

多くの著名人が眠る霊園

繁華街・池袋に近い都心にありながら、園内は意外なほどに静か。総面積10万6000m²余りの敷地に夏目漱石、永井荷風、小泉八雲ら著名作家から大川橋蔵など懐かしい俳優らの名前も見られ、ファンの墓参も多い。霊園ながら明るい雰囲気のなか、のんびり知った名前を探したい。

☎ 03-3971-6868　🏠 豊島区南池袋4-25-1
🕐 休 散策自由　MAP P139B1

文豪・夏目漱石の墓石

車も走る広い道路などで区画された園内は明るく開放的

雑司ヶ谷に眠る有名人からピックアップ

■ 夏目漱石 なつめそうせき
明治期を代表する作家。小説『こころ』にこの霊園を描く。

■ 竹久夢二 たけひさゆめじ
独特の美人画や詩歌で知られ、一時期雑司ヶ谷に住んでいた。

■ 中濱(ジョン)万次郎 なかはま(じょん)まんじろう
14歳で出漁中に難破。米国船に助けられて渡米し通訳に。

■ 小泉八雲 こいずみやくも
ギリシャ生まれのイギリス人。怪奇文学作品集『怪談』が有名。

門から入ると大泉水の景観が展開

③ 肥後細川庭園
ひごほそかわていえん

大きな池と豊かな緑

細川家下屋敷の庭園の跡地を、そのまま公園に整備した池泉回遊式庭園。目白台台地が神田川に落ち込む斜面地の起伏が活かされており、大泉水の周囲に続く園路を進むにつれ、景観がさまざまに変化する。

☎03-5803-1252（文京区みどり公園課）　⊕文京区目白台1-1
⊕9:00〜17:00（11〜1月は〜16:30、入園は閉園の30分前まで）
⊛12月28日〜1月4日
⊛入園無料　MAP P139B4

④ 護国寺
ごこくじ

徳川綱吉が創建した名刹

多宝塔も必見

天和元年（1681）、徳川5代将軍綱吉が、母・桂昌院のために創建。後に幕府安泰を願う祈祷寺院となり、元禄10年（1697）、現在の観音堂を造立。堂内・境内には文化財が多く見られる。観音堂と月光殿は国指定重要文化財。毎月18日には秘仏本尊・如意輪観世音菩薩がご開帳される。

☎03-3941-0764
⊕文京区大塚5-40-1
⊕9:00〜16:00
⊛⊛参拝自由
MAP P139C2

富士塚が現存している

元禄文化の偉容を誇る観音堂（本堂）

雑司ヶ谷

おさんぽの途中に！　立ち寄りグルメ＆ショップ

☕ さむしんぐ
さむしんぐ

家具にもこだわるカフェ

洗練されたフランスのブランド家具が目を引く喫茶店。おすすめのメニューはドリップコーヒー、紅茶各400円、チョコラテ450円、ケーキ450円など。

☎03-3987-1214　⊕豊島区雑司が谷2-3-15　⊕11:30〜18:00（土曜は13:00〜18:00）
⊛日曜　MAP P139A2

🛍 小倉屋製菓
おぐらやせいか

バラエティ豊かな煎餅専門店

甘辛、えび味、胡麻味各237円〜など16種の鉄板焼と炭火焼の煎餅に、おかき、あられなどが豊富に揃う、製造直販の米菓専門店。毎日の茶菓子向きのほか、進物用にも使える高級品も用意。

☎03-3983-3316　⊕豊島区雑司が谷1-5-2　⊕9:00〜18:00
⊛日曜、祝日　MAP P139A2

🛍 甲月堂
こうげつどう

護国寺門前、和菓子の老舗

明治20年（1887）の創業。護国寺境内に立つ国指定重要文化財・月光殿にちなんだ月光殿最中3種（つぶ餡、こし餡、白餡）各160円などで知られる老舗だ。

☎03-3941-4355　⊕文京区音羽2-10-1　⊕10:00〜19:00（土・日曜、祝日は〜18:00）　⊛月曜、毎月最終火曜　MAP P139C3

内藤新宿から続く
東京を代表する繁華街

新宿
・しんじゅく・

●歩く時間 >>>
約1時間

●歩く距離 >>>
約3.6km

●おすすめ季節 >>>
春🌸(3~4月)

元禄11年(1698)、内藤新宿として宿場町が置かれて以来、歓楽街として発展した新宿。1960年代末期には唐十郎、寺山修司、藤圭子らが新宿を舞台に活躍するなど、主に大衆文化の側面から、時代の息吹を吸収し発展してきた。ここでは、その面影を求めて歩く。都会的ながらどこか泥臭い新宿の魅力を再認識したい。

（おさんぽアドバイス）

日曜、祝日は「新宿通り」が歩行者天国になる。毎週日曜には花園神社境内で骨董市が行われるのでそれに合わせるのも楽しい。

START
新宿駅
JR
山手線
中央線
総武線
地下鉄
丸ノ内線
新宿線
大江戸線

徒歩15分

① 花園神社

（所要15分）

徒歩3分

② 新宿末廣亭

（所要5分）

徒歩10分

③ 太宗寺

（所要15分）

徒歩22分

④ 東急歌舞伎町タワー

（所要60分）

徒歩4分

GOAL
新宿駅
JR
山手線
中央線
総武線
地下鉄
丸ノ内線
新宿線
大江戸線

50m
25m
高低差 0m

新宿駅　①　②　③　④　新宿駅

距離 > 1km　> 2km　> 3km

稲荷鬼王神社

全国で唯一、「鬼王」の名をもつ神社。豆まきの際は「鬼は内、福は内」と唱える。境内に鬼が支える水鉢もある。

新宿

広域図はP192へ　1:10,000

① 花園神社　西の市 P187

② 新宿末廣亭

③ 太宗寺

④ 東急歌舞伎町タワー

ここまで **1km**

ここまで **2km**

この一角のみ江戸の風情が漂っている

❶ 花園神社
はなぞのじんじゃ

新宿の大衆文化を支えてきた神社

江戸時代以降、芸能や新宿の文化と深く関わってきた神社。1960年代末期には唐十郎の紅テント劇場が話題となった。境内にある芸能浅間神社も芸能人の参拝者が絶えない神社として有名。祠の脇には藤圭子の『圭子の夢は夜ひらく』の歌詞を刻んだ石碑が立つ。

☎03-3209-5265
🏠新宿区新宿5-17-3
🕐休料境内自由
MAP P143B2

右が『圭子の夢は夜ひらく』の歌詞を刻んだ石碑

鮮やかな朱色の社殿は昭和40年（1965）に造営された鉄筋コンクリート造り

❷ 新宿末廣亭
しんじゅくすえひろてい

江戸ムードいっぱいの寄席

木造建築として現存している都内唯一の寄席。趣のある建物は、昭和21年（1946）に開業以来、次々とビル化した東京の定席の中でただ1軒、外観にも館内にも江戸情緒を色濃く残す。

☎03-3351-2974　🏠新宿区新宿3-6-12
🕐昼12:00～16:15、夜16:45～20:30
休無休　料3000円　MAP P143B2

歴史を学ぶ

ちょっぴりディープな新宿ゴールデン街

花園神社の西側にある飲食店街が新宿ゴールデン街。第二次世界大戦後に建てられた木造長屋建ての店舗が、狭い路地をはさんでひしめくように並んでいる。ここが一風変わった名所になったのは1960年代。作家や編集者、ジャーナリストなどがたむろし、その後はいわゆる「全共闘世代」を交え、夜明けまで激論を交わしていた。現在、この街はゴールデン街、花園一番街、花園三番街、花園五番街、花園八番街、まねき通りに分かれ、いずれが新宿ゴールデン街。いずれも1950～1960年代の雰囲気を色濃く残している。

MAP P143B2

「内藤新宿のお閻魔さん」とよばれた閻魔像

❸ 太宗寺
たいそうじ

ギョロリと目をむくお閻魔さん

創建年代不明で、内藤家5代正勝以降は内藤家歴代の墓所になった。「江戸六地蔵」の一つで高さ2.67mの銅造地蔵菩薩坐像、巨大な木造閻魔像、衣をはぐことから内藤新宿の妓楼の商売神とされた奪衣婆像など、境内はみどころ豊富だ。

江戸六地蔵は江戸の6カ所の出入口に建立された

いぼやおできがとれるという塩かけ地蔵もある

☎03-3356-7731
🏠新宿区新宿2-9-2
🕐7:00～18:00
休無休
料参拝自由
MAP P143C3

❹ 東急歌舞伎町タワー

とうきゅうかぶきちょうたわー

歌舞伎町に新たなランドマークが誕生

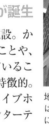

　2023年4月に開業した超高層複合施設。かつて歌舞伎町エリアに川が流れていたことや、現在でも水の神「弁財天」が祭られていることから「噴水」をイメージした外観が特徴的。施設には、ホテルや映画館、劇場、ライブホール、ナイトクラブなど、あらゆるエンターテインメント施設が集合している。

地上48階、地下5階、高さは約225m。18～47階には2つのホテルが入る
©TOKYU KABUKICHO TOWER

☎なし（施設によって異なる）
🚇新宿区歌舞伎町1-29-1
🕐施設によって異なる
🈺施設・店舗に準ずる
MAP P143A1

©TOKYU KABUKICHO TOWER

上)2階にあるフードホール「新宿カブキhall～歌舞伎横丁」　左)9・10階にある映画館「109シネマズプレミアム新宿」

観光クローズアップ

◎ 東京都庁展望室

とうきょうとちょうてんぼうしつ

東京都庁の最大のみどころは第一本庁舎45階の無料展望室。高さ202m。北展望室と南展望室がある。

☎03-5320-7890（平日10:00～17:00）
🚇新宿区西新宿2-8-1
🕐展望室9:30～22:00（入室締切は～21:30）　🈺南展望室は第1・3火曜（祝休日の場合は翌日）、12月29～31日、1月2・3日、都庁舎点検日　🉐入場無料
MAP P192B3　※北展望室については東京都庁展望室のHP参照

南北の塔のツノの部分に展望室が設けられている

新
宿

おさんぽ の 途中 に！

立ち寄りグルメ＆ショップ

☕ 追分だんご本舗本店

おいわけだんごほんぽほんてん

新宿追分のだんごの老舗

喫茶のおすすめは、だんご2本盛り748円など。和スイーツの3点セット「味の散歩」1430円（写真）も人気。
☎03-3351-0101　🚇新宿区新宿3-1-22 NSOビル1階　🕐12:00～17:30LO（土・日曜は11:30～）、店頭のショップは11:00～18:00（商品がなくなり次第終了）　🈺無休
MAP P143B2

🍴 レストラン&カフェ Manna/マンナ

れすとらんあんどかふぇ まんな

日本初の本格インドカリー

昭和2年（1927）に登場し、"衝撃の味覚"と評された純印度式カリー1980円が名物。日本に亡命したインド独立運動の志士ゆかりのメニュー。
☎03-5362-7501　🚇新宿区新宿3-26-13新宿中村屋ビル地下2階　🕐11:00～22:00（日曜、祝日は～21:30）　🈺1月1日
MAP P143A2

🍵 タカノフルーツパーラー新宿本店

たかのふるーつぱーらーしんじゅくほんてん

季節限定メニューも多彩

明治18年（1885）創業の老舗「新宿高野」直営のフルーツパーラー。フルーツパフェ1870円など、季節に応じたフルーツやデザートが揃う。フルーツサンドウィッチ1540円などの軽食もある。
☎03-5368-5147　🚇新宿区新宿3-26-11-5階　🕐11:00～20:00LO　🈺不定休　**MAP** P143A2

閑静な町並みの中に歴史スポットが点在

市ヶ谷・麹町
いちがや・こうじまち

歩く時間 >>>
約1時間

歩く距離 >>>
約3.4km

おすすめ季節 >>>
春🌸（3・4月）

市ヶ谷は、JR市ヶ谷駅と靖国通りを中心に、商業ビルが立ち並ぶ街。麹町大通りが中心の麹町は、大通りから一歩横道に入ると、閑静な住宅街だ。なお、地名の「番町」は、江戸時代に江戸城を警護する旗本を一番から六番に分けて住まわせたのに始まる。明治以降は多くの文化人が暮らしたことで知られる。

おさんぽアドバイス

市ヶ谷駅〜四ッ谷駅間は、東側の遊歩道たどるほか、西側の外濠公園を通ってもいい。緑豊かで桜の名所としても知られる。

START 市ヶ谷駅		❶ 市谷亀岡八幡宮		❷ 防衛省		❸ 聖イグナチオ教会		❹ 日本カメラ博物館		GOAL 半蔵門駅
JR 中央・総武線 地下鉄 有楽町線 南北線 新宿線	徒歩3分		徒歩7分 （所要10分）		徒歩13分 （所要2時間）		徒歩30分 （所要15分）		徒歩1分 （所要30分）	地下鉄 半蔵門線

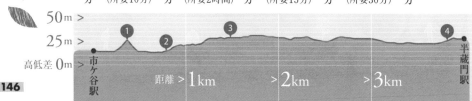

50m
25m
高低差 0m

市ヶ谷駅　❶　❷　❸　❹　半蔵門駅

距離 > 1km > 2km > 3km

市谷・麹町

広域図はP193へ

N 0 100m
1:11,000

市谷加賀町(一) Ⓐ
市谷鷹匠町 Ⓑ
市谷田町(三)
Ⓒ

飯田橋駅へ

大日本印刷
大日本印刷市谷工場

理科大10号館

法政大学

相撲場

靖国会館

九段北(三)

神門

社務所 1

新宿区
市谷左内町

市谷砂土原町(三)

市谷砂土原町(二)

大日本印刷

駅坂

新見附橋

法政大学大学院

新見附交差点

本殿 拝殿

妙法寺 靖国神社

靖国神社南門

九段南(二)

九段南駅へ

日本学生支援機構
国際協力機構

市谷本村町

市谷長延寺町

市谷砂土原町(一)

ルーテル市谷センター

外濠

九段北(四) P149
P149 さかぐち

洋菓子 ゴンドラ

九段南

②防衛省

①市谷亀岡八幡宮

自衛隊東京地方協力本部

洞雲寺

市谷八幡町

長泰寺

市谷見附

東郷公園入口

九段南(三)

麹町郵便局

東京家政学院大・短大・高・中

大妻学院本館

三番町

市谷本村町

市谷駅

市ヶ谷駅

市ヶ谷駅

A4

靖国通り

九段南(四)

日本大学本部

九段小

大妻高・中

ローマ法王庁大使館

都営新宿線

高山美容専門学校

市ヶ谷駅

スタート

A2

山脇美術専門学校

日本棋院会館

東郷公園前

五味坂

千代田区

ここまで3km

千鳥ヶ淵

南北線

市ヶ谷門跡
P148

五番町

東京中華学校
光文書院

番町会館

ソニーミュージック

番町小

上智大

東京ヴィジュアルアーツ千代田高等学院

四番町

日本テレビ別館

女子学院高・中

滝廉太郎居住地跡

一番町

イギリス大使館

外濠公園
総合運動場

ここまで1km

本塩町

土木図書館

六番町

豊昭学園高・中・小

泉鏡花旧居跡

旧有島邸跡

地学会館

ニコラバレ修道院

四谷駅前

番町文人通り
P149

番町中央通り

いきいきプラザ番町

モントレ半蔵門

一番町

全国町村議員会館

ゴール

半蔵門駅

日本

ファーストビル

シェ カザマ
P149

イスラエル大使館

麹町学園女子高・中

アイルランド大使館

アトレ
四谷

見附

四ツ谷駅

四ツ谷駅

二番町

麹町駅

麹町通り

麹町小

麹町(三)

麹町(一)

半蔵門

火 消防署
東京MXテレビ

警察署

麹町(六)
麹町六

③聖イグナチオ教会

上智大学
弘済会館

麹町(五)

中央図書館

鉄道弘済会館前

麹町(四)

麹町三

麹町大通り

ワコール

東京FM

市ヶ谷フィッシュセンター
鯉釣りができる釣り堀と、観賞魚・水草などの販売ショップによる施設。金魚などのミニフィッシングもある。

グランドアーク半蔵門

④日本カメラ博物館

国立劇場前

四ツ谷駅

四谷(一)

丸ノ内線

メリノール宣教会

紀尾井ホール

城西国際大

清水谷坂

国立劇場

隼町

国立劇場演芸場

千代田トンネル

最高裁判所

清水谷公園
明治11年(1878)、この近くで大久保利通が暗殺されたことから、園内に大久保利通哀悼碑が建てられている。

紀尾井町

ザ・フォーラム

本館

ホテルニューオータニ

山茶花橋

大久保利通碑

南北線

サンローゼ赤坂

東京ガーデンテラス紀尾井町

東京FM

都道府県会館

平河町

日本青年館会議所

隼町

新宿区

立憲民主党

永田町駅

弁慶橋ボート場

弁慶橋

9a 9b

都道府県会館

自由民主党本部

国会図書館

永田町(一)

国立国会図書館

④

しみずたにこうえん

赤坂御用地

港区 Ⓐ

元赤坂(一)

豊川稲荷東京別院(妙厳寺)

赤坂見附駅 Ⓑ

赤坂Kタワー

鹿島

ビックカメラ

衆議院議長公邸 議員会館

メキシコ大使館

永田町(二)

星陵会館

砂防会館

Ⓒ 参議院第二別館

参議院議員会館

北海道東京(事)

国会議事堂へ

参議院分館

参議院別館

国会議事堂へ

147

歴史を学ぶ

往時の面影が残る
国指定史跡 市ヶ谷門跡

JR飯田橋駅から四ツ谷駅にかけて、駅周辺には江戸城の城門跡が残されている。市ヶ谷駅にある市ヶ谷橋は、寛永13年（1636）に築かれた市ヶ谷門があった場所。市ヶ谷門は明治初期に撤去されたが、橋の土台に大名の刻印が残る石垣や築石の一部を今も見ることができる。主に美作津山藩主・森長継が築いた。 **P147B1** **MAP**

付近には案内板も設置

上)境内には茶ノ木稲荷神社もある
左)現在の社殿は昭和37年（1962）に再建された

① 市谷亀岡八幡宮
いちがやかめがおかはちまんぐう

ペット祈願でも知られる神社

文明11年（1479）、太田道灌が鎌倉の鶴岡八幡宮の分霊を祀ったのに始まり、寛永13年（1636）ごろ現在地に移転。現在は、珍しい「ペット祈願」でも広く知られている。

☎03-3260-1868　🏠新宿区市谷八幡町15
🕐休料境内自由　**MAP**P147A1

急勾配の階段

市ヶ谷記念館内の大講堂

午後のツアーで見学できる大本営地下壕跡

② 防衛省
ぼうえいしょう

歴史の舞台を巡るツアー

江戸時代の尾張徳川藩上屋敷跡に立つ防衛省では、敷地内を巡る「市ヶ谷台ツアー」を実施。極東国際軍事裁判（東京裁判）が行われた大講堂を移設・復元した市ヶ谷記念館や大本営陸軍部などが使用した大本営地下壕などを見学することができる。

☎03-3268-3111
🏠新宿区市谷本村町5-1
🕐9時30分～11時30分、13時30分～15時50分（要事前予約）
休土・日曜、祝日
料無料（午後の回は700円）
MAPP147A1

③ 聖イグナチオ教会
せいいぐなちおきょうかい

麹町のシンボルの一つ

カトリック東京大司教区の教会およびその聖堂。現在の建物は平成11年（1999）の竣工で、堂内の天井には大きな蓮の花がデザインされている。なお、見学の際は静粛に。聖堂内は撮影禁止。

☎03-3263-4584
🏠千代田区麹町6-5-1　🕐休料入堂自由
（要問合せ）　**MAP**P147A3

上智大学の手前にある

❹ 日本カメラ博物館
にほんかめらはくぶつかん

世界の歴史カメラも揃うカメラ専門ミュージアム

日本のカメラの発展史を系統的に常設展示。世界最初のカメラで、日本で唯一見られる「ジルー・ダゲレオタイプ・カメラ」をはじめ、日本および世界の歴史的名機がズラリと並ぶ。スケルトンの展示など、興味深いコーナーも。随時、テーマを設けて特別展も行われる。

JCⅡ一番町ビルの地下にある

☎03-3263-7110　🏠千代田区一番町25 JCⅡ一番町ビル地下1階　🕐10:00〜17:00　🈳月曜（祝休日の場合は翌日）🎫一般300円　**MAP**P147C3

上）歴史カメラの名機が数多く並ぶ
左）ジルー・ダゲレオタイプ・カメラコーナー

豆知識

番町文人通り
ばんちょうぶんじんどおり

明治〜昭和の文人や芸術家が暮らした

四ツ谷駅から新宿通りを少し行った左手にある道が通称・番町文人通り。大妻通りに突き当たるまでの1kmほどの道で、島崎藤村や有島武郎、泉鏡花をはじめ、名だたる文人たちの旧居跡が点在。藤田嗣治や川喜多半泥子といった画家などの芸術家たちも暮らしたといわれ、案内プレートも立てられている。

説明板も立っている
MAPP147B2

市ヶ谷・麹町

おさんぽの途中に！ 立ち寄りグルメ＆ショップ

シェ カザマ
しぇ かざま

「パンアート」でも有名

「目で見て楽しめ、味わっても楽しめるパン」がコンセプト。クロワッサン230円、シナモンロール250円など。天然酵母を使ったパンもファンが多い。イートインも可。

☎03-3263-2426
🏠千代田区一番町10一番町ウエストビル1階　🕐8:30〜20:30
🈳月・日曜　**MAP**P147B2

洋菓子 ゴンドラ
ようがし ごんどら

パウンドケーキが評判

親子3代にわたり営む洋菓子専門店。伝統的な製法にこだわって作られたパウンドケーキ3000円〜は、しっとりとした口当たりにほんのりとラム酒が香る。

☎03-3265-2761　🏠千代田区九段南3-7-8　🕐9:30〜18:30（土曜は〜18:00）　🈳日曜、祝日
MAPP147C1

さかぐち
さかぐち

大ボリュームの海苔せんべい

手作業のみで焼き上げるせんべいが自慢の米菓専門店。海苔せんべいが200枚以上ぎっしりと入った京にしき缶300g5000円は、香り豊かな海苔と醤油の風味が口いっぱいに広がる。

☎03-3265-8601　🏠千代田区九段北4-1-5　🕐9:30〜19:00（土曜は〜17:00）　🈳日曜、祝日　**MAP**P147C1

コース **29**

神楽坂
しんらざか

歩く時間 >>> 約**1時間**　　　歩く距離 >>> 約**3.7km**

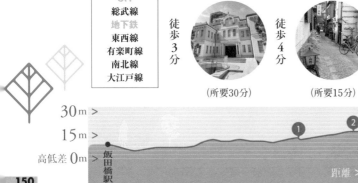

START

飯田橋駅

JR
総武線
地下鉄
東西線
有楽町線
南北線
大江戸線

徒歩3分 >

① 東京理科大学
近代科学資料館

（所要30分）

徒歩4分 >

② かくれんぼ
横丁

（所要15分）

徒歩2分 >

③ 毘沙門天
（善國寺）

（所要20分）

徒歩3分 >

30m >
15m >
高低差 0m >

飯田橋駅

距離 > **1km**

新旧の店舗にビルが立ち並び
若者の姿も目立つ神楽坂通り

神楽坂は、その名のとおり坂の街。表を貫く神楽坂通りから左右に延びる幾本もの小路はさらに枝分かれして街の奥へ、裏路地へと、訪れる人々を導く。この街は明治から昭和にかけて花街、さらに有数の繁華街へと発展。表通りには新しいビルや店舗も目立つが、一歩小路に踏み込めば、老舗の料亭がかつての粋な風情を教えてくれる。そんな一角の典型がかくれんぼ横丁だ。扇形に敷かれた石畳の小路の奥は、さらに幾つもの辻に分かれ、その先々に大小の料理店が現れる。一方、毘沙門天で知られる善國寺、牛込城跡に立つ光照寺、急な石段がいかにも神楽坂な筑土八幡神社など、長い歴史の中で人々の信仰を集めてきた古刹や古社が目立つのも神楽坂ならでは。さんぽの締めくくりには、情緒あふれる昔ながらの銭湯で日頃の疲れを癒やすのもおすすめだ。

おさんぽアドバイス

坂道ばかりか裏路地には階段さえ珍しくないのが神楽坂の街。また老舗の菓子店や飲食店に個性的なカフェ、小ぢんまりとしたビストロなどがそこここに。気の向くままにお気に入りのカフェなど見つけ、街歩きを楽しみたい。

⬤おすすめ季節 >>> 春🌸(3~4月)

| ④
光照寺
（牛込城跡） |
（所要15分） | ≫
徒歩
11分 | ⑤
AKOMEYA TOKYO
in la kagū

（所要60分） | ≫
徒歩
11分 | ⑥
筑土八幡
神社

（所要15分） | ≫
徒歩
7分 | ⑦
熱海湯

（所要40分） | ≫
徒歩
4分 | GOAL
飯田橋駅

JR
総武線
地下鉄
東西線
有楽町線
南北線
大江戸線 |

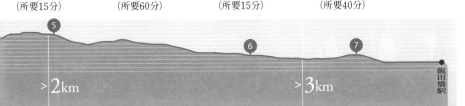

⑤ >2km ⑥ >3km ⑦ 飯田橋駅

神楽坂

広域図は P193へ

0 ─── 50m
1:6,500

袖摺坂

すれ違う人の袖と袖とがこすれてしまうほど狭いことからこの名が付いた坂道。しかも道とはいえ路面は石段になっている。

5 AKOMEYA TOKYO in la kagū

天神町
早稲田大へ
赤城下町
改代町
水道町
江戸川小
赤城印刷
築地町
西五軒町
赤城元町
赤城生涯学習会館
清隆寺
東五軒町
ゼブラ
白銀町
白銀公園
双葉社
筑土八幡町

ここまで 2km

矢来町
神楽坂駅
新宿区
横寺町
長源寺 円福寺
尾崎紅葉旧居跡 P154
宝国寺 朝日坂
キッチンコート
龍門禅寺 神楽坂(六)
常念寺 りそな
法正寺 よしや
東京シティ信金
安養寺
牛込消防署

6 筑土八幡神社

2 牛込神楽坂駅
北町
南蔵院
大久保通り
都営大江戸線
岩戸町
神楽坂上
神楽坂(五)

ここまで 1km

相馬屋源四郎商店 P154
五十鈴 P155
神楽坂(四)
津久戸町

ここまで 3km

中町
中町公園
南町

4 光照寺(牛込城跡)
袋町
三菱UFJ
本多横丁
津久戸小
筑土八幡町
新小川町
JCHO東京新宿メディカルセンター

3 毘沙門天(善國寺)
若宮町

❶ 東京理科大学近代科学資料館
若宮八幡

蕎楽亭 P155
7 熱海湯
神楽坂(三)
神楽坂仲通り

2 かくれんぼ横丁
下宮比町
みずほ

市谷船河原町
東京理科大学
東京日仏学院
若宮公園
研究社
神楽坂(一) 神楽坂下
別亭 鳥茶屋 P155
神楽坂(二)
東京理科大学
揚場町
軽子坂
三井住友
飯田橋駅
セントラルプラザ ラムラ
神楽河岸
飯田橋

外堀通りの桜並木

外濠の両岸には約240本の桜が植えられており、JR飯田橋駅〜市ヶ谷駅近くまでの外堀通りは桜の並木になっている。

スタート
ゴール
外堀通り
外濠公園 P184
飯田橋サクラパーク
サクラテラス
日本歯科大病院
あおもり北彩館東京店

市ヶ谷駅へ
外濠
有楽町線
南北線
中央線
駅東口
飯田橋駅
飯田橋(四)
水道橋駅へ

千代田区
富士見(二)

❶ 東京理科大学近代科学資料館

とうきょうりかだいがくきんだいかがくしりょうかん

科学技術の歴史を通観

　近代科学技術の啓発と理学の普及を目的に平成3年（1991）に開館。館内では本学の前身となる東京物理学校から引き継がれた貴重な資料や蔵書などの所蔵品の展示をはじめ、大学の歴史とともに、科学技術史のなかでの本学の役割を紹介する展示を行っている。

☎03-5228-8224 ⓐ新宿区神楽坂1-3 ⓑ12:00～16:00（土曜は10:00～）ⓒ日～火曜、祝日、大学の休業日 ⓓ入館無料 MAP P152B4

東京物理学校で学んだ屋井先蔵が発明した屋井乾電池
明治後期の牛込神楽坂校舎の外観を復元している

狭い路地がさらに枝分かれして…

❷ かくれんぼ横丁

かくれんぼよこちょう

街なかの迷路を楽しむ

　神楽坂通りから東に延びる神楽坂仲通りと本多横丁の間のエリア。扇形に組まれた石畳が目印だ。狭い路地には坂道、階段なども多く、まるで迷路のような趣。周囲には黒板塀の老舗の料亭や小料理店などが点在し、粋な風情が漂っている。

ⓐ新宿区神楽坂3 ⓑⓒⓓ散策自由 MAP P152B3

❸ 毘沙門天（善國寺）

びしゃもんてん（ぜんこくじ）

開運・厄除けの毘沙門さま

　文禄4年（1595）、徳川家康が開基となり、日本橋にて創建。何度かの焼失・移転の後、寛政4年（1792）、現在地に。毘沙門天像は高さ30cmほどの木像で、本殿左に安置。"神楽坂の毘沙門さま"として親しまれている。

江戸時代末期の作という石虎もある

☎03-3269-0641 ⓐ新宿区神楽坂5-36 ⓑⓒⓓ境内自由 MAP P152B3

左）現在の本堂は戦災で焼失後、多くの賛助を得て昭和46年（1971）に再建されたもの
右）境内には傷めた部分と同じ所を洗うと治るという浄行菩薩も鎮座

年に4回行われる寅の日のご開帳

仏様と仏法を守る毘沙門天は寅年、寅の月、寅の日、寅の刻にインドで誕生したとされる。そこで普段は扉の奥に安置されている木像が年に4回、正月の初寅と二の寅の日、5月と9月の初寅の日にご開帳される。この像は創建時から伝わるものだが、製作者、製作年代ともに不詳とのこと。また堂宇前に鎮座する狛犬ならぬ石虎も、この寅にちなんだものだ。

絵馬に描かれた石虎の図

歴史を学ぶ

◎ "神楽坂文士" の足跡が随所に残る

かつて都内有数の花街として知られた神楽坂はまた、多くの作家たちに愛された街でもあり、明治時代には尾崎紅葉、泉鏡花、北原白秋らがこの街に住んだ。また、早稲田に住んでいた夏目漱石が、こいした。

の店の特製原稿用紙を愛用したいう文具店が相馬屋源四郎商店（**MAP** P152B3）。尾崎紅葉の助言で日本初の洋紙の原稿用紙を売り出し、白秋、石川啄木、坪内逍遥らも愛用した。

尾崎紅葉旧居跡（**MAP** P152A2）

---

④ 光照寺（牛込城跡）
こうしょうじ（うしごめじょうあと）

戦国時代の城跡に立つ寺

慶長8年（1603）に神田で創建され、正保2年（1645）、現在地に移転。周辺一帯には戦国時代の領主・北条氏の居城があったが、天正18年（1590）の滅亡後に城も取り壊され、その構造など詳細は今も不明という。

☎03-3260-1025　⊕新宿区袋町15
🕙10:00〜16:00
🈡🈵参拝自由※本堂内は見学不可　**MAP** P152A3

境内奥には「諸国旅人供養碑」など区の文化財がある

光照寺本堂左手に設置されている牛込城跡についての解説板

---

⑤ AKOMEYA TOKYO in la kagū
あこめやとうきょういんらかぐ

全国の選りすぐり品が勢揃い

「一杯の炊き立てのごはんから広がるおいしい輪」をコンセプトにお米や食品、雑貨品などが揃う複合施設。店内には日本の暮らしや旬を意識した、各地の厳選した商品が並ぶ。店で取り扱う商品を使用した食事を提供する「AKOMEYA食堂」などを併設。

店内は1・2階の2フロアで構成される

☎03-5946-8241　⊕新宿区矢来町64
🕙11:00〜20:00（AKOMEYA食堂は19:30LO）　🈡無休　**MAP** P152B1

食堂では羽釜で炊いたご飯に主菜が3品つくAKOMEYA御膳2300円などを

雑貨品が充実する2階フロア

社殿は戦災で消失した後、
昭和38年（1963）に再建

2匹の猿に桃の実を配した
図が珍しい境内の庚申塔

⑥ 筑土八幡神社
つくどはちまんじんじゃ

長い石段の先の古社は庚申塔が必見

伝承によると、嵯峨天皇在位（809～823年）の時代に松の木を御神木として祀ったのが始まり。社殿を造る際に筑紫（九州）の宇佐の宮土を礎としたことから筑土の名がついたとされる。石段の途中には石造りの鳥居があり、これは区内最古の鳥居だという。

☎03-3260-2701 　新宿区筑土八幡町2-1
休料 境内自由　MAP P152C2

⑦ 熱海湯
あたみゆ

昭和の情緒が漂うレトロ銭湯

神楽坂の路地に入り石畳の小道を進んだ先にあるのが昭和29年（1954）創業の熱海湯。千鳥破風と呼ばれる昔ながらの宮造りの建物が風情にあふれ、ドラマなどのロケ地としてもお馴染み。薪で沸かした熱めのお湯が自慢で、銭湯絵師によるペンキ絵にもぜひ注目を。

☎03-3260-1053 　新宿区神楽坂3-6
14:45～24:00　休 土曜　料 入湯520円　MAP P152B3

神楽坂の街に溶け込む情緒ある外観

神楽坂

おさんぽ の 途中 に！　立ち寄りグルメ＆ショップ

☕ 別亭 鳥茶屋
べってい とりぢゃや

ふわとろ親子丼が名物

風情ある数寄屋造りの外観が目を引く日本料理店。名物はランチ限定の親子丼1200円。うま味のある富士高原どりの鶏肉にふわとろの卵、秘伝の割り下が相性抜群。

☎03-3260-6661 　新宿区神楽坂3-6　11:30～14:00（土・日曜、祝日は～14:30）、17:00～21:00（日曜・祝日は、～20:30）　休 月曜　MAP P152B3

🍴 蕎楽亭
きょうらくてい

石臼挽き、手打ちの蕎麦

茹でたてのそば、揚げたての天ぷらをいち早く提供するため、カウンター席を用意。そば＋十割そばの二色そば1200円、ざるそば1000円などでそば本来の香りと味が楽しめる。

☎03-3269-3233 　新宿区神楽坂3-6　11:30～14:30、17:00～20:30（月曜は夜のみ営業）
休 月・日曜、祝日　MAP P152B3

🛍 五十鈴
いすず

粋な街の小粋な和菓子

大納言、柚子、栗の3種の餡が一度に楽しめる最中の華車367円（写真）をはじめ、餡（小倉と白の2種を用意）をパイ皮で包んだ神楽坂饅頭302円など上品な味が揃う。

☎03-3269-0081 　新宿区神楽坂5-34　9:00～19:30　休 日曜、祝日、ほか不定休あり
MAP P152B3

コース **30**

喧噪を離れて松濤の美術館を巡る

渋谷

·しぶや·

◉ **歩く時間** >>>
約**1時間**

◉ **歩く距離** >>>
約**3.2km**

◉ **おすすめ季節** >>>
春🌸（4~5月）

多くの人で賑わう渋谷だが、松濤地区に足を踏み入れると閑静な住宅街。落ち着いた雰囲気の中に、個性が光る美術館が2つ点在している。渋谷の意外な側面を感じとれるはずだ。帰路は公園通りを経由し、渋谷駅を目指す。なお、渋谷駅の工事は2027年に終了予定。また駅周辺でも大規模再開発プロジェクトが進行中だ。

(**おさんぽアドバイス**)

渋谷とは思えない落ち着いた表情の松濤地区。喫茶店などは少ないので、ひと休みには鍋島松濤公園がおすすめだ。

START

渋谷駅

JR
山手線
地下鉄
銀座線
半蔵門線
副都心線
東急東横線
京王井の頭線

徒歩1分

❶ **渋谷スクランブルスクエア**

（所要60分）

徒歩18分

❷ **渋谷区立松濤美術館**

（所要30分）

徒歩12分

❸ **戸栗美術館**

（所要30分）

徒歩13分

❹ **MIYASHITA PARK**

（所要50分）

徒歩7分

GOAL

渋谷駅

JR
山手線
地下鉄
銀座線
半蔵門線
副都心線
東急東横線
京王井の頭線

50m >
25m >
高低差 0m >

❶ 渋谷駅

❷ ❸ ❹

渋谷駅

距離 > 1km > 2km > 3km

渋谷

広域図は
P196へ

1:10,000

代々木公園西門前

代々木神園町　　代々木公園

千代田線

渋谷門

代々木公園駅

日本航空
発祥之地

南門

展望デッキ

原宿門

原宿駅

明治神宮前〈原宿〉駅 ❶

神宮前（六）

代々木公園交番前

渋谷区

第一体育館

国立代々木競技場

2.26事件慰霊像

かつて、ここにあった陸
軍の刑務所で、昭和11年
(1936)の2.26事件の首謀
者が処刑されたことを今
に伝える。

NHKホール

第二体育館

神南（二）

🏛 **Au Tems Jadis**
P159

桑沢学園

長泉寺

明治神宮前駅

穏田神社

ヒコ・みづの
ジュエリーカレッジ

NHK
放送センター

渋谷区役所前

ここまで
2km

LINE CUBE SHIBUYA

神山町

神山町東

宇田川町

渋谷区役所

宇田川町

神南（一）

渋谷署

渋谷教育学園
渋谷高・中

神宮前六

渋谷（一）
宮下公園

❷

神南小

万国旗通り

東武
ホテル

渋谷クレストン

❸ **戸栗美術館**

松濤（一）

神南小下

オルガン坂

ハンズ

渋谷パルコ

渋谷モディ

神南局前

東急百貨店

❷

ユニード渋谷店 ❸

渋谷（二）

松濤中

❹ **MIYASHITA PARK**

BEAM

❷ **渋谷区立松濤美術館**

Bunkamura
（休業中）

道玄坂二

渋谷センター街

西武
ロフト

シブヤ西武B館

シブヤ西武A館

神南一

ここまで
3km

表参道ヒルズ

B2

宮益坂下

❸

りそな

渋谷ヒカリエ

ここまで
1km

松濤
（二）

ユーロスペース

文化村通り

ランブリングストリート

SHIBUYA109

道玄坂（二）

TOHO
シネマズ

A0

A1

みずほ

A6

A4

渋谷駅

A5

A8

B7

渋谷駅

B4

B5

松濤二

道玄坂

道玄坂通り

森の図書室 渋谷
P159

ゴール
モヤイ像
三菱UFJ

渋谷駅

B6

❶ **名曲喫茶ライオン**
P159

円山町

神泉町

E・スペース
タワー

ノア道玄坂

渋谷マークシティ

東急プラザ渋谷

三井住友

ハチ公像
P159

渋谷（二）

明治通り

渋谷ヒカリエ

京王井の頭線 **神泉駅**

交番前

道玄坂（一）

スタート

渋谷
ストリーム

渋谷（三）

代官山駅

メッツ

鍋島松濤公園

湧水池を中心とした公
園。明治9年(1876)、鍋
島家が紀伊徳川家の下屋
敷を譲り受け、茶園を開
いた歴史がある。

田園都市線

デニーズ

南平台

道玄坂上

東京急行電鉄本社

南平台町

渋谷サクラ
ステージ

桜丘町

セルリアンタワー

渋谷区文化総合
センター大和田

渋谷インフォス
タワー

❶ **渋谷スクランブルスクエア**

❹

恵比寿駅

青葉台（三）Ⓐ **目黒区**

南平台町

塗装館

郵便局前

鶯谷町

乗泉寺

鉢山中

Ⓑ

Ⓒ

157

❶ 渋谷スクランブルスクエア
しぶやすくらんぶるすくえあ

渋谷の上空から東京を一望

229mの高さにある開放的な展望施設「SHIBUYA SKY」が人気。地下2階〜14階には、最旬アイテムを取り揃えるショップやレストランが約200店集結している。

☎03-4221-4280（代表）
🏠渋谷区渋谷2-24-12　💴SHIBUYA SKYは入場2200円〜　🕐SHIBUYA SKYは10:00〜21:20最終入場、その他店舗や施設により異なる）　🈺不定休 ※最新情報は公式サイトを要確認　MAP P157C3

SHIBUYA SKYは日本最大級となる約2500㎡の屋上展望空間を有する

渋谷駅直結で買い物も便利

人工芝のヘリポートもある屋上

ヨーロッパの古城のような外観
撮影：上野則宏

館内中央にある吹き抜け部分

2階の展示室にはくつろげるソファも

❷ 渋谷区立松濤美術館
しぶやくりつしょうとうびじゅつかん

外観も館内も建物自体がアート

中央は地下2階から地上2階までの吹き抜け空間。その周囲に展示室と回廊を設け、絵画、彫刻、工芸など、幅広い分野・時代にわたる特別展のほか、講演会やワークショップ、音楽会などを開催。

☎03-3465-9421　🏠渋谷区松濤2-14-14　🕐10:00〜18:00（金曜は〜20:00）、2〜3月は9:00〜17:00　🈺月曜（祝休日の場合は翌日）、祝日の翌日（土・日曜は開館）、展示替え期間　💴展覧会により異なる　MAP P157A3

❸ 戸栗美術館
とぐりびじゅつかん

陶磁器専門の企画展を開催

実業家・戸栗亨が蒐集した伊万里、鍋島などの肥前磁器のほか、中国・朝鮮の陶磁器を主体に約7000点を収蔵。年4回の企画展示でテーマに応じて公開している。

☎03-3465-0070　🏠渋谷区松濤1-11-3　🕐10:00〜17:00（金・土曜は〜20:00、入館は閉館の30分前まで）　🈺月・火曜（祝日の場合は開館。月・火曜両日が祝日の場合は翌平日休館）　💴一般1200円　MAP P157A3

外壁の磁器のタイルが目印

ロビーでくつろぐこともできる

❹ MIYASHITA PARK
みやしたぱーく

渋谷で親しまれてきた公園が流行の発信基地に進化

旧宮下公園の跡地にある、公園や商業施設、ホテルが一体となった複合施設。屋上の渋谷区立宮下公園でボルダリングなどで体を動かしたり、1〜3階でグルメや買い物を楽しむなど、過ごし方は多彩。テイクアウトしたグルメを屋上の芝生ひろばで食べれば、気軽にピクニック気分を楽しめる。

☎03-6712-5630
⊕渋谷区神宮前6-20-10
⊕公園内の施設一部有料
⊕公園は8:00〜23:00、ショップは11:00〜21:00、レストランは11:00〜23:00 ※一部店舗により異なる　休不定休
MAP P157C3

夜は都会的で洗練されたライティングを楽しむこともできる

上)街区全体を4階建ての公園に見立てており、居心地のよい空間設計に
左)1階の側道沿いには日本全国のご当地グルメを楽しめる渋谷横丁もある

渋谷

おさんぽの途中に！ 立ち寄りグルメ＆ショップ

☕ Au Temps Jadis
おたんじゃでぃす

本場フランスのガレットを

フランス・ブルターニュ地方の郷土料理・ガレット(そば粉のクレープ)が楽しめる。デザートクレープ(ドリンクセット)1400円〜など。

☎03-3770-2457　⊕渋谷区神南1-5-4ロイヤルパレス原宿地下1階　⊕11:00〜20:00(ランチは11:00〜14:00)　休火曜、水曜不定休　MAP P157C2

☕ 名曲喫茶ライオン
めいきょくきっさらいおん

建物も店内も時代の薫りが

昭和元年(1926)創業の名物喫茶店。巨大なスピーカーを備えた立体音響の設備は、都内有数といわれる。コーヒー650円、抹茶フロート820円など。なお、店内では私語は控えたい。

☎03-3461-6858　⊕渋谷区道玄坂2-19-13　⊕13:00〜20:00　休1月1〜4日ほか　MAP P157B3

☕ 森の図書室 渋谷
もりのとしょしつしぶや

隠れ家のような都心の図書室

壁一面に並ぶ蔵書を自由に読めておしゃべりできるブックカフェ。会員制だが、非会員でもフリードリンク1100円から利用可。詳細は要問合せ。

☎03-6455-0629　⊕渋谷区宇田川町23-3 渋谷第一勧銀共同ビル8階　⊕9:00〜22:45(年末年始は変動あり)　休無休　MAP P157B3

美術館や神社を訪ねて、表参道の並木を歩く

原宿 青山
はらじゅく・あおやま

池袋
上野
新宿
東京
渋谷
★原宿・青山
品川

● 歩く時間 >>>
約1時間

● 歩く距離 >>>
約4.2km

● おすすめ季節 >>>
初夏 🌸🍃🍁 （4〜5月）

明治神宮の造営とともに整備された表参道が若者文化の街に変化したのは、昭和53年（1978）にラフォーレ原宿と、「竹の子ファッション」の発生源・ブティック竹の子が誕生して以来のこと。その後は、ブランドショップが続々と進出。現在は大人も若者も自在に楽しめる街として、連日賑わっている。

(おさんぽアドバイス)

散策の時期は新緑の季節が最もさわやかだが、ケヤキ並木が紅葉する秋や、青山霊園の桜並木が満開になる春も見逃せない。

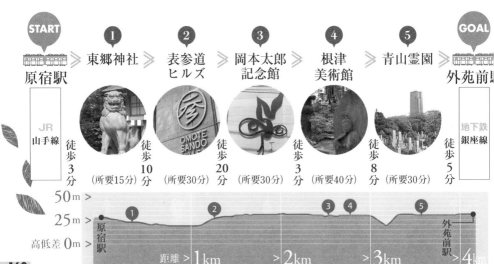

START 原宿駅		❶ 東郷神社		❷ 表参道ヒルズ		❸ 岡本太郎記念館		❹ 根津美術館		❺ 青山霊園		GOAL 外苑前駅
JR山手線	徒歩3分		徒歩10分		徒歩20分		徒歩3分		徒歩8分		徒歩5分	地下鉄銀座線
		（所要15分）		（所要30分）		（所要30分）		（所要40分）		（所要30分）		

50m
25m
高低差 0m
原宿駅
外苑前駅
距離 > 1km > 2km > 3km > 4km

昭和39年（1964）の社殿再建時には米海軍ニミッツ提督も資金を寄贈したという

明治通りのほか、竹下通り側にも入口がある

❶ 東郷神社
とうごうじんじゃ

東郷平八郎命を祀る神社

　御祭神の東郷平八郎命は、明治37～38年（1904～1905）の日露戦争の日本海海戦で、当時世界最強といわれたロシアのバルチック艦隊を破った際の連合艦隊司令長官だ。勝利や強運といった勝運にご利益があるとされる。

高松宮宣仁新王によって下賜された獅子像

☎03-3403-3591
🏠渋谷区神宮前1-5-3
🕐休境内自由
MAP P162B1

❷ 表参道ヒルズ
おもてさんどうひるず

表参道のランドマーク

　かつて表参道のシンボルだった旧同潤会青山アパートの建て替えで誕生した文化商業施設。設計したのは世界的な建築家・安藤忠雄。施設内には国内外から、大人の感性を研ぎすます約100店の最先端ショップが集結している。

☎03-3497-0310（総合インフォメーション）🏠渋谷区神宮前4-12-10 🕐ショッピング11:00～20:00、レストラン11:00～22:30、カフェ11:00～20:00※店舗や曜日により異なる 休不定休 MAP P162B2

本館中央・6層の吹抜けをスパイラルスロープが囲む

上）美しいケヤキ並木の景観にマッチした外観
左）「旧同潤会青山アパート」の外壁の一部を再現した同潤館

観光クローズアップ

◎ 太田記念美術館
おおたきねんびじゅつかん

江戸〜明治にかけての浮世絵を約1万5000点余り収蔵し、テーマに合わせて公開。作品を毎月入れ替え、浮世絵をさまざまな切り口から紹介している。ほかに、江戸文化講座なども開催。

☎050-5541-8600（ハローダイヤル）🏠渋谷区神宮前1-10-10 🕐10:30〜17:30 休月曜（祝休日の場合は翌日）、展示替え期間 💴展示により異なる
MAP P162B2

表参道から一本入った路地にある

同潤館に注目
どうじゅんかん

現在の表参道ヒルズの敷地には、かつて同潤会青山アパートがあった。竣工は大正末期〜昭和初期。1960年代以降はブティックやギャラリーが多く入り、原宿・表参道のファッションの中心として賑わったが、老朽化が進み平成15年（2003）に解体されている。

● Galerie412
ぎゃるりーよんいちに

絵画や文学、音楽などさまざまなアート作品を展示。
☎03-5410-0388
🏠渋谷区神宮前4-12-10 表参道ヒルズ「同潤館」3階
🕐13:00〜19:00 休日曜、祝日 💴入館無料
MAP P162C2

D

勢揃坂
TEPIA先端技術館
都立青山高
高徳寺卍
A-PLACE青山
ブラジル大使館
原宿教会
実相寺卍
持法寺卍
海蔵寺卍
百幼稚園前
サンクレスト
セントシオンビル
南青山三
オリンピック
リビエラビル
KD南青山ビル
事業構想大学院大
リーゴビル
ムデソソ
プラダ
タキアラ
ヨックモック
南青山(五)
モロッコ大使館

岡本太郎記念館

E

神宮外苑 P184・185
秩父宮ラグビー場
北青山(二)
ラグビークラブハウス
TEPIA先端技術館
神宮外苑のイチョウ並木 P165
北青山(一)
キハチ
伊藤忠ガーデン
赤坂消防署入口
伊藤忠ビル
ゴール
プラセオ
外苑前駅
フォンテ青山
青山タワービル
ここまで 4km
あい・ぽーと
D-LIFEPLACE南青梅
梅窓院
青山小
三河稲荷
青山野球場
青山いきいきプラザ
赤坂消防署
都立青山特別支援学校
東急ステイ
青山浄苑
東京都青山霊園管理事務所
Daiwaビル
大久保利通の墓
斎藤茂吉の墓
南青山(二)

F

国立競技場駅
三菱UFJ信託
青山ビル
SIビル
青山一丁目駅
ホンダビル
新青山ビル
帝国データバンク
POLA青山ビル
第一法規
青山2
DFビル
南青山(二)
青葉公園
玉窓寺卍
竜泉寺卍
乃木希典の墓
南青山(一)
尾崎紅葉の墓
忠犬ハチ公の墓(碑)
志賀直哉の墓
中村吉右衛門の墓

1

六本木駅へ

2

秋葉神社

豪商・紀伊国屋文左衛門が深川に勧請し、その後この地に移転。寛政2年(1790)のものをはじめ狛犬が3対も鎮座。

港区

南青山(三)

千代田線

南青山(四)

鋏仙会
秋山庄太郎写真芸術館
青南小
ここまで 3km

根津美術館前

④根津美術館

北坂

南青山(六)

南青山六

高樹町
六本木通り

青山霊園立山墓地

⑤青山霊園 P184

後藤新平の墓

青山葬儀所

国民演場やすらぎ会館

乃木坂駅へ

青山墓地中央

南青山陸橋

都立青山公園

六本木(七)

北里柴三郎の墓
赤坂プレスセンター

大本山永平寺別院長谷寺

西麻布(二)

大安寺卍
慈眼院卍
西麻布いきいきプラザ

西麻布(一)

西麻布

森ビル

4

紅ミュージアム
高樹町センタービル
富士フイルム

日比谷線

3

163

③ 岡本太郎記念館
おかもとたろうきねんかん

至る所に独特のエネルギーが

名文句「芸術は爆発だ」で知られ、平成8年(1996)に84歳で亡くなった画家・岡本太郎の生前のアトリエ兼住居を公開。緑の中にオブジェが並ぶ庭や、さまざまな人たちが集まったというサロンなど、氏のエネルギッシュで多彩な活動を思い起こさせてくれる。

☎03-3406-0801 ⊕港区南青山6-1-19 ⊕10:00〜18:00（入館は〜17:30）⊛火曜（祝休日の場合は開館）⊕入館650円 MAP P163D4

カフェ「ア・ピース・オブ・ケーク」を併設

庭にも独特のエネルギーを発散する岡本太郎の作品が並ぶ

温かさとエネルギーに満ちたサロンには岡本太郎のマネキンが

豆知識

原宿って地名はなぜ、ないの？

現在は駅名にのみ残る「原宿」という名前は、江戸開府以前からあった古い地名。昭和40年(1965)の行政区画変更で、原宿と穏田を統一した際、新たな「神宮前」が採用されたため、消滅してしまった。また、「青山」はこの地に屋敷があった青山家ゆかりの地名。江戸時代初期、この地に鷹狩りにきた家康が青山忠成に「馬でひと回りした範囲の土地を与える」といい、忠成が必死に回って広大な土地を得たという伝説が残る。

「青山」は町名や施設名など随所に見られる

---

④ 根津美術館
ねづびじゅつかん

美術品と日本庭園

国宝7点、重要文化財89点、重要美術品94点を含む日本・東洋古美術品を約7600点収蔵。絵画や書蹟、陶磁など多岐にわたり、企画に応じて展覧している。館内には、カフェやミュージアムショップもあり、広大な日本庭園も散策できる。

☎03-3400-2536 ⊕港区南青山6-5-1 ⊕10:00〜17:00（入館は〜16:30）⊛月曜（祝休日の場合は翌日）、展示替え期間 ⊕特別展1500円〜・コレクション展1300円〜（日時指定予約制）MAP P163E4

和の趣を基調にし、日本庭園とも一体化した設計は建築家・隈研吾によるもの

樹木の間に遊歩道が整備され、池や茶室を配した日本庭園の散策が楽しめるのも、この美術館の魅力。4月末ごろには茶室・弘仁亭前の池にカキツバタが花を咲かせる。尾形光琳筆の国宝『燕子花図屏風』も、このころ公開される

ミュージアムショップにはガーゼハンカチ900円など、収蔵品をモチーフにしたグッズが数多く揃う

❺ 青山霊園
あおやまれいえん

都心のオアシス的霊園

明治7年(1874)、広大な青山家の下屋敷跡に造成。政治家や軍人をはじめ、作家、実業家、芸能人、科学者、さらに忠犬ハチ公(碑)など、明治以来の著名人の墓が点在している。一風変わったフィールドミュージアムの趣だ。総面積は26万m²。東京有数の桜の名所でもある。

☎03-3401-3652 港区南青山2-32-2 入園自由 MAP P163F2

春にはソメイヨシノやヤエザクラなどが咲き誇る

広大な園内を道路が貫通している

青山霊園に眠る著名人からピックアップ

■ **志賀直哉** しがなおや
『暗夜行路』などで知られる作家。「小説の神様」とよばれる。

■ **斎藤茂吉** さいとうもきち
アララギ派の代表的歌人。随筆家、精神科の医者としても活躍。

■ **大久保利道** おおくぼとしみち
明治維新の中心となり近代日本の礎を築いた人物。

■ **北里柴三郎** きたさとしばさぶろう
血清療法の創始、破傷風菌の発見など世界に知られた細菌学者。

観光クローズアップ

◎ 神宮外苑のイチョウ並木
じんぐうがいえんのいちょうなみき

青山通りから外苑中央広場円周道路に至る約300mのイチョウ並木は、明治神宮外苑造成の一環として、大正12年(1923)に植栽されたもの。青山口からの下り勾配に沿って樹高の高いものから植えるという、絵画の遠近法の手法を用いている。設計したのは日本近代造園の父とされる折下吉延博士。聖徳記念絵画館の正面階段上から並木を見るとより立体感とスケールの大きさを感じられる。青葉と紅葉の時期が特に美しい。

奥に聖徳記念絵画館が見える
MAP P163E1

おさんぽの途中に! 立ち寄りグルメ&ショップ

🍴 とんかつまい泉 青山本店
とんかつまいせん あおやまほんてん

箸で切れるやわらかさが自慢

一番人気は黒豚とんかつと季節の揚げ物が楽しめるお膳2580円。おなじみのヒレかつサンド560円がレストラン限定でできたてを味わうこともできる。銭湯を改装した店内もレトロで居心地がいい。

☎050-3188-5802 渋谷区神宮前4-8-5 11:00〜21:00LO 無休 MAP P162C2

☕ パンとエスプレッソと
ぱんとえすぷれっそと

パンがおいしいカフェ

人気メニューは、パニーニプレート(8:00〜15:00)1500円など。持ち帰りもでき、おすすめは小ぶりの食パンタイプでバターをたっぷり使用した看板商品のムー330円。

☎03-5410-2040 渋谷区神宮前3-4-9 8:00〜18:00 不定休 MAP P162C2

🛍 BE:SIDE表参道店
びーさいどおもてさんどうてん

老舗が手がける新業態ショップ

老舗くず餅店の船橋屋が提供する、くず餅乳酸菌専門店。長年にわたり研究してきた「くず餅乳酸菌®」を利用したスイーツを提供。人気はみずくずもちセット(黒蜜黄な粉)1250円。

☎03-6432-9323 渋谷区神宮前3-14-6 11:00〜17:00LO 月・火曜(祝日は営業) MAP P162C2

大正9年（1920）、明治天皇と皇后の昭憲皇太后を祭神に創建された明治神宮。当時、このあたりは現在の御苑以外はほぼ更地だったとか。造営が決まると全国から10万本に及ぶ献木が寄せられ、それを基に現在の神宮の杜が造成された。うっそうと茂る樹木の中に多彩なスポットが点在。日本最大の木造明神鳥居や、奉献された清酒菰樽とフランスのワイン醸造樽もある。

☎ 03-3379-5511（代表）　⑮ 渋谷区代々木神園町 1-1　⑰
日の出〜日没　⑭ 無休　⑫ 参拝自由（御苑は協力金あり）

コース **32**

明治神宮ウォーキング

本殿・拝殿は、南参道を直進し、大鳥居（明神鳥居）の所を左折した先。清正井がある明治神宮御苑の入口はその手前だ。

START & GOAL
JR 山手線
原宿駅
地下鉄 千代田線
明治神宮前〈原宿〉駅

① 本殿・拝殿
ほんでん・はいでん

　主な社殿は、第2次世界大戦時の空襲で大部分が焼失し、昭和33年(1958)に再建。本殿は流造とよばれる様式で、内拝殿、外拝殿などとともに檜の素木だ。

拝殿を参拝　殿を通して本殿を参拝

② 宝物殿
ほうもつでん

　わが国初期の鉄筋コンクリート建築で国指定重要文化財。現在は休館中で、祭神ゆかりの御物は、平成31年(2019)秋竣工した明治神宮ミュージアム（MAP P167C3）に収蔵・展示されている。

大正10年（1921）に開設

③ 清正井
きよまさのいど

　明治神宮御苑内にある湧水の井戸で、加藤清正が掘ったとされる。良気に満ち、手を合わせて祈ると願いがかなうともいわれている。拝観には御苑維持協力金が必要。

周辺は森閑とした雰囲気

④ 明治神宮御苑
めいじじんぐうぎょえん

　江戸時代には加藤家・井伊家の下屋敷の庭園。武蔵野特有の雑木林の面影をとどめる苑内には菖蒲田などがある。
⑱9:00 〜 17:00（11 〜 2月は〜16:30、入苑は閉苑30分前まで）
⑭ 無休　⑫ 御苑維持協力金 500円

池と緑の対比が美しい御釣台

⑤ フォレストテラス明治神宮
ふぉれすとてらすめいじじんぐう

　カフェや売店、レストランがあり、ひと休みができる。
☎ 03-3379-9222
⑱9:00 〜（レストランは 11:00 〜。閉店・閉館は明治神宮の閉門に準じて変動）
⑭ 不定休 ※詳細は要問合せ

自然を感じながららくつろげる

ひと足 のばして 代々木公園
よよぎこうえん

　武蔵野の面影を残す樹林や芝生広場、水景施設、バラ園、花の小径など。一角に日本航空発始之地の碑も。
☎ 03-3469-6081
⑮ 渋谷区代々木神園町 2-1
⑱⑭⑫ 入園自由　MAP P167A3

オリンピック村だった名残も

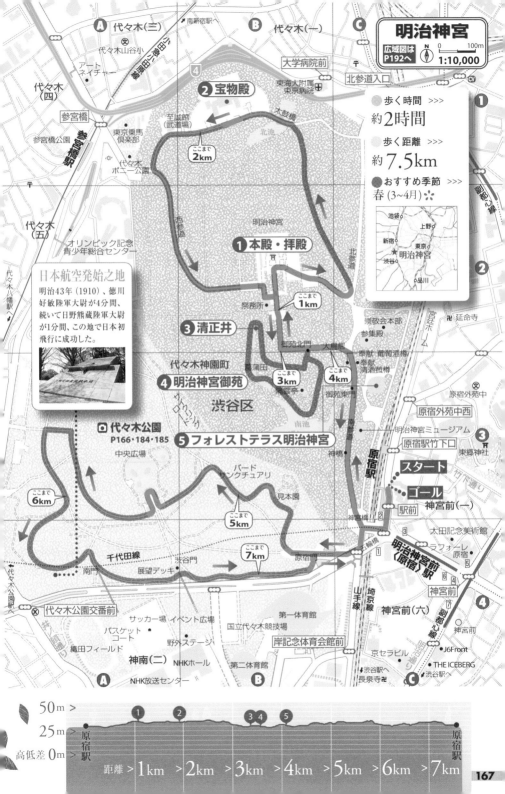

明治神宮

モダンな街に残る
大正ロマンの建物

コース **33**

代官山・恵比寿

代官山
たいかんやま
恵比寿
えびす

（地図）
池袋
上野
新宿
東京
渋谷
新橋
代官山・恵比寿

● 歩く時間 >>>
約**1**時間

● 歩く距離 >>>
約**3.9**km

● おすすめ季節 >>>
秋🍁（10~11月）

セレブ御用達のショップが点在する代官山・恵比寿はオシャレな街の代名詞。代官山駅前にはファッションビルが点在し、裏通りにたたずむ個性的なカフェや雑貨店をめぐるのも楽しい。モダンな街並みに隠れるようにして、古墳や大正期の建築物が残っているのも魅力だ。恵比寿の裏路地には飲食店が多い。

（ おさんぽアドバイス ）

恵比寿へ向かう駒沢通りからアメリカ橋までは緩やかな上り坂だが、アメリカ橋から恵比寿駅までは動く歩道で楽々移動可。

START
中目黒駅
地下鉄
日比谷線
東急電鉄
東横線

徒歩10分

❶ 東京日黒美空ひばり記念館
（所要30分）

徒歩6分

❷ 猿楽塚古墳
（所要10分）

徒歩3分

❸ 旧朝倉家住宅
（所要30分）

徒歩30分

❹ 恵比寿ガーデンプレイス
（所要30分）

徒歩8分

GOAL
恵比寿駅
JR
山手線
埼京線
湘南新宿ライン
地下鉄
日比谷線

60m
30m
高低差0m

中目黒駅
❶ ❷❸
❹
恵比寿駅

距離 > 1km > 2km > 3km

西郷山公園 P170 **A**

公園前

鉢山町

鴬谷町 **C**

乗泉寺

東京バプテスト教会

渋谷駅へ

渋谷(三)

セネガル大使館

都立第一商高
第一商高

B

一商前

猿楽小

1 東京目黒美空ひばり記念館

猿楽町

渋谷駅へ

東(一) **1**

代官山フォーラム

青葉台(一)

鉢山中東

エジプト大使館

ヒルサイドパントリー代官山 P171

代官山 IT-SITE

東一

渋谷駅前

都交通局渋谷(車)

東山一

デンマーク大使館

かまわぬ代官山店 P171

サンローゼ代官山

東(二)

2 猿楽塚古墳

ヒルサイドテラス

ここまで 1km

東三

3 旧朝倉家住宅

上目黒(一)

代官山プラザ

駅入口

代官山町

渋谷区

東急東横線

東(三) **2**

西郷山通り

代官山交番前

代官山駅

恵比寿西(二)

大東京信組

東(三)
清流寺

郷さくら美術館東京

東急ストア **S**

中目黒駅

スタート

ファイブビル

エコー劇場

日比谷線

鎗ヶ崎

恵比寿西(一)

庚申橋西

中目黒駅

長谷戸小

ピーコック

恵比寿西(一)

広尾駅へ

みずほ

目黒学院高・中

恵比寿公園前

恵比寿神社 P171

駅前

目樹橋

中目黒(一)

恵比寿南(三)

恵比寿公園
西武信金

恵比寿駅

恵比寿(一)

中目黒立体交差

恵比寿南三

恵比寿駅

三井住友

昭和信金 **3**

聖徒教会

恵比寿南二

高速中央環状品川線

目黒区

全国小売酒販会館

ピーコック

ここまで 2km

ゴール

恵比寿南 アトレ恵比寿

みずほ

田楽橋

東京共済病院

カルピス恵比寿ビル

A-PLACE
恵比寿南ビル

駅東口

スカイウォーク

南館

中目黒(二)

泉明寺

恵比寿南二公園
松泉寺

恵比寿南(二)

キムカツ恵比寿本店 P171

スタンレー電気

中目黒公園

恵比寿(四)

4

山手通り

田道庚申通り

防衛省自衛隊幹部学校

恵比寿南一公園前

アメリカ橋公園

ここまで 3km

加計塚小

目黒警察署

目黒警察署

中里通り

恵比寿南一公園
ビヤステーション

サッポロビール本社

三田(二)

ポーランド大使館

4 恵比寿ガーデンプレイス

グラススクエア

ガーデンタワー

目黒(二)

目黒清掃工場

三田(二)

アルジェリア大使館

厚生中央病院

東京都写真美術館

ザ・ガーデンホール

YEBISU BREWERY TOKYO P171

厚生中央病院前

三田(一) **C**

目黒駅へ

代官山アドレス

代官山同潤会アパートの跡地に立つ都市型複合施設。ハイセンスなショップのほか、スポーツ施設や集合住宅などで構成。

恵比寿南橋（アメリカ橋）

明治37年(1904)のアメリカ・セントルイス万博に出展された橋を架設したことから、通称アメリカ橋。現在の橋は2代目。

169

歴史を学ぶ

西郷邸の跡地に立つ西郷山公園を散策

「西郷山」という地名は、西郷隆盛の弟、従道がこの地に別宅を構えたことに由来。当時はある立派な屋敷だったが、その後人手に渡り、空襲などにより名園の面影は失われた。しかし西郷山公園として整備され、昭和56年(1981)に開園した際には、従道の出身地である鹿児島県や県下の市町から記念樹や桜島の溶岩などが贈られた。

MAP P169A1

❶ 東京目黒美空ひばり記念館
とうきょうめぐろみそらひばりきねんかん

美空ひばりが愛した空間を体感

歌手・美空ひばりの自宅を公開。生前見たそのままの景色を体感できるほか、映像や衣装展示などで当時を振り返れる。仏壇にお参りも可能。8名以上の場合要問合せ。

☎03-5422-3358 🏠目黒区青葉台1-4-12 🕙10:00〜15:00 ❌土・日曜、祝日(その他臨時休館あり) 💰入館無料(建物保全のための寄付金志納) MAP P169A1

右手のリビングもガラス越しに見ることができる

❷ 猿楽塚古墳
さるがくづかこふん

都会に残る古墳時代の遺跡

6〜7世紀の古墳時代末期の円墳。死者を埋葬していた墳墓が2基あり、直径20m、高さ5mの北塚を「猿楽塚」とよんでいたことから、地名の由来となった。北塚の頂には大正時代に朝倉家が建立した猿楽神社がある。

🏠渋谷区猿楽町29 🕙❌💰見学自由 MAP P169A2

小山を登ると頂上に祠がある

❸ 旧朝倉家住宅
きゅうあさくらけじゅうたく

意匠を凝らした大正期の和風建築

大正8年(1919)、東京府議会議長を務めた朝倉虎治郎の屋敷として建造。斜面を生かした造りで、約1640坪の広大な敷地に主屋や土蔵、附属屋(車庫)などが立ち並ぶ。回遊式庭園では新緑や紅葉が楽しめる。国指定重要文化財で渋谷区が管理している。

☎03-3476-1021 🏠渋谷区猿楽町29-20 🕙10:00〜18:00(11〜2月は〜16:30、入館は閉館30分前まで) ❌月曜(祝日の場合は翌日) 💰入館100円 MAP P169A2

主屋は、応接間や茶室など部屋の機能の応じて異なる意匠でまとめられている

書院造りの2階の広間

ガラス戸のレールは木製

❹ 恵比寿ガーデンプレイス
えびすがーでんぷれいす

洗練された大人の遊びスポット

サッポロビールの工場跡地に立つ複合商業施設。レストランや百貨店、ホテル、美術館、映画館など、大人が楽しめるスポットが充実。ここでしか飲めない新しいヱビスとの出合いがあるYEBISU BREWERY TOKYOにも注目。

瀟洒な洋館は人気フレンチ店

☎03-5423-7111
🚩渋谷区恵比寿4-20
🕐🈺🉐施設・店舗により異なる
MAP P169C4

左)ヱビスビール発祥の地・恵比寿のビール醸造施設を伴った新スポット「YEBISU BREWERY TOKYO」 右)アーチの下の広場では、さまざまなイベントが開催

観光クローズアップ

◎ 恵比寿神社
えびすじんじゃ

ひっそりとたたずむ路地裏の神社

商売繁盛や除災招福などの神である恵比寿様を祀っている。境内は小ぢんまりとしているが、ひっきりなしに地元の人が訪れる。毎年10月19・20日に大祭が行われ、べったら漬の露店などで参道が賑わう。

🚩渋谷区恵比寿西1-11
🕐境内自由
🈺無休
🉐拝観無料 MAP P169C3

区画整理により恵比寿駅前から戦後、現在地に遷座した

おさんぽの途中に! 立ち寄りグルメ&ショップ

☕ ヒルサイドパントリー代官山
ひるさいどぱんとりーだいかんやま

パンとデリで簡単ランチ

デリや輸入食材などを扱うフードショップで焼きたてのパンが味わえる。おすすめはモチモチの天然酵母クロワッサン319円。イートインスペースがあり、カフェラテ650円など。

☎03-3496-6620 🚩渋谷区猿楽町18-12ヒルサイドテラスG棟地下1階 🕐10:00～19:00 🈺水曜(祝休日の場合は営業) MAP P169A1

🍴 キムカツ恵比寿本店
きむかつえびすほんてん

名物のキムカツを堪能

恵比寿で創業した人気トンカツ店。豚のロースをミルフィーユ状に25枚重ねたやわらかなキムカツが名物。ぷれーんや梅しそ各1350円～など7種類。

☎03-5420-2929
🚩渋谷区恵比寿4-9-5 🕐11:00～14:30LO、17:00～22:00LO(日曜、祝日は11:00～21:00LO)
🈺無休 MAP P169C3

🛍 かまわぬ代官山店
かまわぬだいかんやまてん

モダンな手ぬぐい専門店

常時200種類の手ぬぐい1100円～が揃う。注染という技法を用い、職人が手作業で一枚一枚仕上げているため、使えば使うほど色がなじむ。季節ごとに登場する新柄も楽しみ。

☎03-3780-0182
🚩渋谷区猿楽町23-1
🕐11:00～19:00(日曜は～18:00)
🈺火曜 MAP P169B2

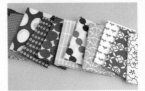

※写真はイメージ

江戸庶民が憧れた参詣行楽地を歩く

コース **34**

目黒

めぐろ

● 歩く時間 >>>
約**1時間15分**

● 歩く距離 >>>
約**4.5km**

● おすすめ季節 >>>
春🌸（4~5月）

江戸時代、将軍の鷹狩の地だった目黒。目黒不動尊をはじめ、道中には富士見の名所として名高い行人坂や安藤広重（あんどうひろしげ）が描いた太鼓橋があり、江戸近郊の行楽地として賑わった。江戸庶民の定番観光コースや住宅街にたたずむ寺社をめぐってみよう。落語『目黒のさんま』にちなむ9月の「目黒のさんま祭り」も有名。

（ おさんぽアドバイス ）

坂の上にある目黒駅が起点。駅西口から延びている2本の坂のうち、権之助坂のほうが比較的緩やかで歩きやすい。

START

目黒駅

JR
山手線
地下鉄
南北線
三田線
東急電鉄
目黒線

徒歩3分

>> **①** **大圓寺**

（所要15分）

徒歩21分

>> **②** **目黒不動尊**

（所要25分）

徒歩14分

>> **③** **林試の森公園**

（所要40分）

徒歩22分

>> **④** **目黒寄生虫館**

（所要40分）

徒歩17分

>> **GOAL**

目黒駅

JR
山手線
地下鉄
南北線
三田線
東急電鉄
目黒線

40m >
20m >
高低差 0m >

目黒駅 ① ② ③ ④ 目黒駅

距離 > 1km > 2km > 3km > 4km

権之助坂
目黒を代表する坂。江戸中期の名主、菅沼権之助の名前に由来。権之助が坂を切り開いたという説など、諸説ある。

行人坂
寛永年間(1624〜1644)、坂の途中の大圓寺に多くの行人が住んでいたのに由来。当時は江戸市中に通じる幹線道路だった。

成就院
天安2年(858)、慈覚大師が創建。本尊の薬師如来(秘仏)は医薬の仏様として信仰を集め、例年1月8日に開帳される。

恩山 五百羅漢寺
「目黒のらかんさん」として親しまれている寺。等身大で表情や姿勢が一体一体違う木彫五百羅漢が305体も！

① 大圓寺
② 目黒不動尊
③ 林試の森公園
④ 目黒寄生虫館

❶ 大圓寺
だいえんじ

斜面にズラリと並ぶ石仏が圧巻

天台宗の寺院。明和9年（1772）、大圓寺の本堂が火元とみられる火事（明和の大火）が発生し、江戸市街地で多くの死者が出た。その供養のために建立された、釈迦三尊像、十大弟子像、五百羅漢像などの石仏群が境内の斜面に並ぶ。一体ずつ異なる表情にも注目。

☎03-3491-2793
🏠目黒区下目黒1-8-5
🕐休料境内自由
MAP P173C2

左）江戸最初の七福神とされる「山手七福神」の一つ・大黒天も祀っている

『八百屋お七』ゆかりの地蔵尊も

大同3年（808）に開基

❷ 目黒不動尊
めぐろふどうそん

地元で愛される目黒のお不動さん

正式名称は泰叡山瀧泉寺。五色不動の一つとして江戸随一の観光名所となる。江戸の蘭学者でさつま芋栽培を広めた青木昆陽の墓が本堂裏手にあり、国の史跡となっている。

☎なし
🏠目黒区下目黒3-20-26
🕐9:00～16:30
🏠無休
料境内自由※詳細は公式HP参照
MAP P173A3

歩きたい散歩道

桜並木が続く目黒川沿いの遊歩道

世田谷区、目黒区、品川区を通って東京湾へと注ぐ目黒川。池尻大橋～目黒の約3.8kmの川沿いに800本以上のソメイヨシノが植えられ、都内屈指の花見スポットとして知られる。毎年4月上旬から歩くのも楽しい。

に開催される桜まつりでは、町会で甘酒などが振舞われるほか、露店も出店して多くの人で賑わう。中目黒駅周辺にはおしゃれなカフェやショップも並んでいるので、立ち寄りながら歩くのも楽しい。

MAP P173B2

❸ 林試の森公園
りんしのもりこうえん

豊かな自然が残る都会の森

林野庁の林業試験場の跡地に整備された都立公園。約12万m²の敷地に多種の珍しい樹木が植えられており、希少な草花も多い。コルリやキビタキなどの野鳥も訪れる。

☎03-3792-3800（林試の森公園サービスセンター）
🏠目黒区下目黒5・品川区小山台2
🕐休料入園自由
MAP P173A4

大きなクスノキ

池に架かるせせらぎ橋

50年もの歳月をかけて完成したといわれる石仏群。悩みをとろけさせてくれる「とろけ地蔵」も安置

❹ 目黒寄生虫館
めぐろきせいちゅうかん

不思議な寄生虫ワールド

世界でも珍しい寄生虫専門の博物館。約6万点の標本や6000冊の図書を所蔵。1階では寄生虫の多様性を解説。2階では代表的な寄生虫の生活史や世界に生息する寄生虫の分布図など、約300点の標本や関連資料を展示している。

建物の1・2階が展示室

☎03-3716-1264（音声案内）
🚇目黒区下目黒4-1-1
🕐10:00〜17:00　休月・火曜（祝休日の場合は翌平日）　入館無料（募金箱あり）　MAP P173A2

左）実際に人体で発見された8.8mのサナダムシの標本　右）普段あまり目にすることのない寄生虫の標本などが並ぶ。オリジナルグッズも販売

観光クローズアップ

◎ ホテル雅叙園東京
ほてるがじょえんとうきょう

日本美が詰まった
ミュージアムホテル

90年以上の伝統を受け継ぎ、「昭和の竜宮城」と称された2500点もの日本画や美術工芸品に彩られた唯一無二のミュージアムホテル。企画展開催時のみ一般公開される東京都指定有形文化財「百段階段」は必見。

☎03-3491-4111（代表）
🚇目黒区下目黒1-8-1
🕐休店舗により異なる
MAP P173C2

江戸時代の風俗を表現した華やかな彩色木彫板で装飾された回廊

目
黒

おさんぽの途中に！　立ち寄りグルメ＆ショップ

🍴 とんかつ とんき
とんかつ とんき

創業は昭和14年（1939）

創業以来、メニューはロース、ヒレ各1600円、串2本1100円の3種類。プラス700円でご飯、豚汁がセットに。写真はロースかつ定食2300円。ご飯とキャベツはお替わり自由。

☎03-3491-9928
🚇目黒区下目黒1-1-2
🕐16:00〜21:00L.O
休火曜、第3月曜　MAP P173C1

🛍 OGGI 目黒本店
おっじ めぐろほんてん

目黒の定番「オレンジピール」

目黒の地で創業して、約半世紀になる洋菓子店。OGGIを代表する香り華やかなオレンジピール45g1080円をはじめ、素材が持つ力を最大限に生かした洋菓子を販売。

☎03-5434-1110
🚇目黒区下目黒2-3-23
🕐10:00〜19:00　休無休
MAP P173B2

🛍 玉川屋 本店
たまがわや ほんてん

目黒で愛される和菓子店

看板商品になっているバターどら焼210円は、自家製うぐいす餡に富貴豆を入れ、無塩バターをホイップしたクリームで風味をプラス。ふっくら生地との相性もいい。

☎03-3491-0555
🚇目黒区目黒2-10-14
🕐9:00〜18:00
休不定休　MAP P173A2

池袋
上野
新宿
東京
渋谷
新橋

35

高層ビルの隣に残る東海道の第一宿

品川
・しながわ・

● 歩く時間 >>>
約1時間15分

● 歩く距離 >>>
約4.2km

● おすすめ季節 >>>
春 🌸（4〜5月）

は じめに訪れる御殿山庭園は高台にあるため、品川駅から上り坂が続く。品川神社から第一京浜を渡ると旧品川宿エリアに入る。現在は商店街になっている旧東海道には、宿場町の名残を伝える立て札などがいくつも設置されている。さらに北品川橋まで足を延ばせば、漁師町の面影も見られる。

> おさんぽアドバイス

横丁に入っての路地裏散策も品川宿の楽しみ。北品川駅からスタートし、旧東海道を青物横丁駅付近まで歩くのもおすすめ。

START		①	②	③	④	GOAL	
品川駅	≫	御殿山庭園	≫	品川神社	≫	荏原神社	≫	聖蹟公園	≫	北品川駅

JR
山手線
京浜東北線
東海道線
横須賀線
京浜急行

徒歩17分
（所要90分）

徒歩12分
（所要20分）

徒歩8分
（所要10分）

徒歩3分
（所要10分）

徒歩10分

京浜急行

20m >
10m >
高低差 0m >

品川駅

① ② ③ ④

北品川駅

距離 > 1km > 2km > 3km > 4km

広域図は
P189へ

N 0 50m
1:8,000

A 高輪（三）

B アレア品川

C 港南（一）

御楯橋

スタート

品川駅前

京急EXホテル
高輪

ウイング高輪

品川駅

アトレ
品川

大東京信組

港南二

1

アネックスタワー

品川プリンス
ホテル

エキュート品川

品川イースト
ワンタワー

港南（二）

マクセル
アクアパーク品川

A棟

ストリングスホテル東京
インターコンチネンタル

太陽生命

東京都中央卸売市場
食肉市場

港区

品川ビル

ショップ＆
レストラン

高輪（四）

東横INN
品川駅高輪口

グランド
セントラルタワーB棟

品川インターシティ

旧海岸通り

高浜運河

グランド
セントラルタワーA棟

品川グランド
コモンズ

B棟

セントラルガーデン

NBF品川タワー

C棟

八ツ山橋

キヤノンSタワー

ホール棟

2

三菱地所

楽水橋

開東閣

京王品川ビル

品川Vタワー

三菱UFJ信託銀行
港南ビル

楽水橋

馬屋跡

新八ツ山橋

東八ツ山公園通り

東八ツ山公園

天王洲橋

御殿山交番前

ここまで
4km

Daiwa品川
Northビル

新八ツ山橋

しながわ翁
P179

ここまで
1km

都バス（営）

北品川
（一）

3

品川教会

トラストタワー

北品川駅

さわやか
信金

品川橋

リンナイ 品川タクシー

御殿山ガーデン

都バス

台場浦公園

天王洲橋

東京マリオットホテル

ゴール

利田神社

台場小

1 御殿山庭園

清水横丁
P178

京浜急行本線

北品川本通り

日用商店街

台場浦公園

東品川（一）

北品川（四）

菊翠原石館

品川女子学院
中・高

吹上湯

KAIDO
books&coffee P179

ミャンマー大使館

北品川

善福寺

台場横丁 P178

黒門横丁 P178

法禅寺

あきおか P179

御殿山通り

品川区

虚空蔵横丁 P178

一心寺

4 聖蹟公園

山手線

横須賀線

御獄神社

善願寺

ここまで
2km

2 品川神社

板垣退助墓

ここまで
3km

3 荏原神社

北品川（二）

正徳寺

品川宿交流館

賀茂真淵墓

品川学園

北品川（三）

清徳寺

北品川（二）

第一京浜

本照寺

北浜公園

新馬場駅

京急EXイン

東海禅寺墓地
沢庵墓

品川消防署

品川図書館

城南信金

南品川（一）

春雨寺

権現山公園

区立子供の森
公園

六行会ホール

海徳寺

新馬場駅

A 京浜東北線
東海道本線

大井町駅へ→

東海道本線

B

東海禅寺

C

京浜東北線
東海道本線

南品川（一）

❶ 御殿山庭園
ごてんやまていえん

豊かな四季の彩りが美しい庭園

江戸時代、桜の名所であった「御殿山」の面影を伝える日本庭園。約2000坪に及ぶ敷地内には、春はウメや桜、秋には紅葉、冬にはカンツバキと四季折々の景観が広がる。また池泉回遊式庭園の高台部には建築家・磯崎新氏の設計の茶室「有時庵」もある。

☎なし
🏠品川区北品川4-7-35
🕐7:00〜19:00
休無休
料入場無料
MAP P177A3

桜の時期には「御殿山さくらまつり」を開催

徳川家康をはじめ歴代将軍にも愛された御殿山。庭園内には人工の滝を設置され癒やしの空間を演出している。

歩きたい散歩道

> 歴史を語る
> 昔からの横丁

旧品川宿には、数多くの横丁があったという。現在でも清水に磯の清水と紹介された井戸があった。清水台場横丁は、御殿山下砲台（台場）に通じている。このような横丁の名前の由来が書かれている。横丁めぐりを旧街道散歩の途中の楽しみに加えたい。

横丁や台場横丁、黒門横丁、虚空蔵横丁などが残り、横丁の入口には説明板が立てられている。説明板には横丁の奥には、かつて『江戸名所図会』

黒門横丁の入口の案内板

昭和39年（1964）に再建された本殿。手前には神楽殿がある

❷ 品川神社
しながわじんじゃ

小高い山の上にある神社

文治3年（1187）に源頼朝が安房国の洲崎神社から天比理乃咩命を勧請し、品川大明神と称したのがはじまり。明治時代には准勅祭社の一つになり、現在は東京十社の一つに指定されている。6月7日に近い金〜日曜に開催される例祭は、神輿渡御で有名。

稲荷社の一粒萬倍の御神水

☎03-3474-5575
🏠品川区北品川3-7-15　🕐休料境内自由
MAP P177B4

❸ 荏原神社
えばらじんじゃ

目黒川沿いの天王様

創建は和銅2年(709)と伝わる古社。現在の社殿は弘化元年(1844)建造で、龍や鳥など凝った彫刻が施されている。6月上旬ごろに3日間行われる天王祭は、神輿を担いで海上を渡る、海中渡御が行われる。

上)彫刻が見事な社殿
右)東海七福神の恵比須様を祀る

☎03-3471-3457　🏠品川区北品川2-30-28
🕐🈂🉐境内自由(祈祷は予約制で受付は9:00～16:00)　MAP P177C4

記念碑などの石碑が多い

🏠品川区北品川2-7-21
🕐🈂🉐入園自由
MAP P177C4

❹ 聖蹟公園
せいせきこうえん

明治天皇も訪れた公園

旧東海道の歴史をたどりながら散策するなら、ぜひ立ち寄りたい。公園の位置する場所にはかつて品川宿の本陣があり、3つの宿からなる品川宿の中央に位置していた。本陣は、明治維新の大政奉還の際、江戸へ向かう明治天皇の行在所となった。

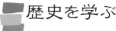
歴史を学ぶ

東海道第一の宿場町 品川宿を訪ねる

江戸時代に整備された五街道の一つが東海道。日本橋から京都までの間には53の宿場があり、品川宿はその第一の宿であった。

江戸時代末期、品川宿の北は八ツ山口、川宿の南は青物横丁りには。

さ2.4kmにも及んだ品川宿は、北品川宿・南品川宿・歩行新宿・広の3つで構成されていた。現在でもこの3区間の旧道は、江戸時代から変わらない道幅で残されている。

と鮫洲の境までで約

品川宿の名が至る所に

品川

おさんぽの途中に！ 立ち寄りグルメ＆ショップ

🍜 しながわ翁
しながわおきな

そば打ち名人の高橋邦弘の下で修業した店主が腕をふるう。そばはのど越しのよい二八。もりそばはざる(写真)と田舎があり各800円。

☎03-3471-0967　🏠品川区北品川1-8-14　🕐11:00～14:00LO(土曜は10:00～14:30LO、水～金曜は17:30～20:00LOも営業)
🈂日曜、第2・4・5月曜　MAP P177B2

🛍 あきおか
あきおか

細長い煎餅にノリを巻いた「品川巻」。その発祥とされるのが、創業明治28年(1895)のこの店だ。品川巻は1袋600円。11種類ある手焼き煎餅は1枚70円～。

☎03-3471-4325
🏠品川区北品川2-2-8
🕐10:00～18:30(変動あり)
🈂日～水曜　MAP P177B3

☕ KAIDO books&coffee
かいどう ぶっくすあんどこーひー

旅・街道がテーマのブックカフェ

全国各地の旅や街道関連の古本が壁一面に並ぶブックカフェ。立ち読みや購入は自由で、コーヒー500円などを飲みながら、のんびりと"座り読み"もできる。

☎03-6433-0906
🏠品川区北品川2-3-7　🕐10:30～20:00(土・日曜は～19:00)
🈂月・火曜　MAP P177C4

36

上品な街と豊かな自然
相反する魅力が同居

泉岳寺
白金

せんがくじ

しろかね

◉ 歩く時間 >>>
約1時間30分

◉ 歩く距離 >>>
約5km

◉ おすすめ季節 >>>
夏🍃(7~8月)、秋🍁(11~12月)

江戸時代には諸藩の下屋敷が置かれ、明治時代以降は皇族や高官・財界人の邸宅が立ち並んだエリアで、今でも高級住宅街として知られている。樹木が生い茂る国立科学博物館附属自然教育園や東京都庭園美術館があり、緑豊かな土地柄も魅力。赤穂義士ゆかりの泉岳寺をはじめ、由緒ある寺社も点在している。

(おさんぽアドバイス)

散策途中には、プラチナ通りのレストランやカフェでひと休み。自然教育園から徒歩7分の目黒駅を終点にしてもよい。

START 泉岳寺駅	❶ 泉岳寺	❷ 国立科学博物館附属自然教育園	❸ 東京都庭園美術館	❹ 畠山記念館	GOAL 高輪台駅
地下鉄 浅草線 京浜急行	徒歩2分 (所要30分)	徒歩50分 (所要60分)	徒歩1分 (所要60分)	徒歩12分 (所要60分)	徒歩5分 地下鉄 浅草線

50m 泉岳寺駅
25m
高低差 0m
距離 > 1km > 2km > 3km > 4km > 5km

松岡美術館

大正～昭和時代の実業家・松岡清次郎が収集した約2400点の美術品を所蔵・展示。内容は多岐にわたっている。

覚林寺

寛永8年(1631)に開山した日蓮宗の寺院。豊臣秀吉の家臣で熊本城の築城で知られる武将、加藤清正を祀る。

八芳園

約1万坪の敷地に日本庭園を有し、四季折々の風景を楽しめる。5種類、約70本の桜が植えられ、桜の時期は特に美しい。

② 国立科学博物館附属自然教育園　P185

③ 東京都庭園美術館

④ 畠山記念館　※2024年秋まで休館

① 泉岳寺

赤穂義士の墓　P182

スタート

ゴール

本堂には摩利支天(秘仏)が納められている

① 泉岳寺
せんがくじ

赤穂義士ゆかりの寺院

首洗い井戸も

慶長17年(1612)、外桜田に創建。寛永18年(1641)の大火で焼失し、現在地に再建された。境内には、赤穂義士の墓や、討ち入りから300年の記念に建てられた赤穂義士記念館がある。記念館では遺品を展示するほか、忠臣蔵のビデオを上映している。

☎03-3441-5560
⊕港区高輪2-11-1
⊕7:00〜18:00(10〜3月は〜17:00)、赤穂義士記念館は9:00〜16:00
⊛無休　⊛拝観無料(赤穂義士記念館は入館500円)　MAP P181C2

泉岳寺の再建の際に尽力した5大名の一つが浅野家という縁から、赤穂義士の墓が泉岳寺境内に建立された。赤穂城主浅野内匠頭長矩とその妻、主君の仇討ちを果たした47人の義士のうち45人が埋葬されている。そのほか、周囲の反対を受け、討ち入り前に切腹した萱野三平の供養塔もある。

47人の義士の墓と供養墓、萱野三平の供養塔を合わせて48の墓碑がある

歩きたい散歩道

プラチナ通りで優雅な気分に浸る

イチョウ並木が続く白金のメインストリート＝通称「プラチナ通り」は、名の由来になっている。白金台＝プラチナであることから。白金台交差点から白金6丁目交差点までを指し、全長は約700m。

道沿いには、おしゃれなブティックやレストラン、スイーツショップなどが立ち並び、洗練された大人の雰囲気が漂う。若葉が生い茂る新緑の季節や、イチョウの葉が黄色に染まる秋がおすすめ。

MAP P181A2

② 国立科学博物館附属自然教育園
こくりつかがくはくぶつかんふぞくしぜんきょういくえん

武蔵野の自然を体感できる

ここは、江戸時代には高松藩の下屋敷、明治時代には陸・海軍の火薬庫、大正時代には白金御料地として利用された場所。広さは約6万坪。樹木が生い茂り、湿地や池のある園内全域が国の天然記念物及び史跡に指定されている。

☎03-3441-7176
⊕港区白金台5-21-5
⊕9:00〜16:30(5〜8月は〜17:00)、入園は〜16:00　⊛月曜(祝日の場合は翌日)　⊛入園320円　MAP P181A2

往時の面影を伝える物語の松

いちりんそう
きんぽうげ科

上)四季折々に美しい水生植物園
左)イチリンソウの花期は3月下旬〜4月中旬

❸ 東京都庭園美術館
とうきょうとていえんびじゅつかん

アール・デコ様式のアートの館

　昭和8年(1933)、朝香宮邸として建てられた建物そのものがみどころの美術館。1920〜1930年代に西欧装飾美術を席巻したアール・デコ様式を今に伝える貴重な建物だ。カフェやミュージアムショップもある。

☎050-5541-8600(ハローダイヤル)　⊕港区白金台5-21-9　
🕐10:00〜18:00　🈺月曜(祝日の場合は翌日)、年末年始
🈷展覧会により異なる
ⓂP181A2

閑静な住宅街の中にある

❹ 畠山記念館
はたけやまきねんかん

古美術品の企画展を開催

　茶道具を中心に、書画、陶磁、漆芸、能装束など、日本、中国、朝鮮の古美術品を展示。収蔵品は、国宝6件、重要文化財33件を含む約1300件。港区有形文化財の茶室がある庭園では、心落ち着く「茶庭」の風情を味わえる。

☎03-3447-5787
⊕港区白金台2-20-12
※2024年秋リニューアル開館予定。再開館まで休館中。　🕐🈺🈷詳細は公式HP参照
ⓂP181B3

幾何学的なリズムと簡潔さが基調になっている本館正面外観

上)壁画や照明など随所に、アール・デコ様式の装飾が施されている
左)正面玄関の扉に配されたルネ・ラリックのガラスレリーフ

おさんぽの途中に！　　立ち寄りグルメ＆ショップ

🍴 利庵
としあん

三タテにこだわるそば処

挽きたて、打ちたて、ゆでたてのそばを提供。辛めのツユでいただく、せいろうは850円。そばは細めで、のど越しも抜群。鴨せいろうや天せいろう各2100円も人気。

☎03-3444-1741
⊕港区白金台5-17-2
🕐11:30〜19:30　🈺月・火曜
ⓂP181A2

🛍 松島屋
まつしまや

創業は大正7年(1918)

豆大福1個210円には、ふっくらと炊いた赤えんどう豆がたっぷり。つぶ餡は甘さ控えめで、やさしい味わいにホッとする。草大福、きび大福は各1個210円、豆餅は1枚210円。

☎03-3441-0539　⊕港区高輪1-5-25　🕐9:30〜15:00(売り切れ次第閉店)　🈺日曜、ほか月曜不定休　ⓂP181C2

🛍 Cafe La Bohème Shirogane
かふぇ・ら・ぼえむ・しろがね

古城のような一軒家レストラン

中世ヨーロッパの城をイメージした建物が特徴的。シャンデリアが輝く店内で味わえるのは本格的イタリアン。薪窯を使って焼き上げたマルゲリータ1925円など。

☎050-5444-1077
⊕港区白金台4-19-17 1・2階
🕐11:30〜翌3:00LO　🈺無休
ⓂP181A2

東京 花カレンダー

ウメやサクラ、ツツジなど、花の名所も都内の各所に数多くある。
季節に応じて、これらのスポットにもぜひ立ち寄ろう。秋には紅葉の名所もお忘れなく。

1月	2月	3月	4月	5月	6月

ボタン(1月上旬〜2月下旬、4月中旬〜5月上旬) ●

1月上旬〜2月下旬、4月上旬〜5月上旬
ボタン
● 上野東照宮
(→P54)

ウメ(2月上旬〜3月下旬) ●

3月中旬〜4月下旬
菜の花
● 浜離宮恩賜庭園
(→P90)

菜の花(3月中旬〜4月下旬)

4月上旬〜中旬
チューリップ
● 日比谷公園
(→P25)

サクラ(3月中旬〜4月中旬)

3月中旬〜4月中旬
サクラ
● 皇居東御苑(→P23)
● 墨田区立隅田公園(→P44)
● 上野恩賜公園 [MAP]P52B2
● 飛鳥山公園(→P61)
● 浜離宮恩賜庭園(→P90)
● 芝公園(都立)(→P101)
● 千鳥ヶ淵緑道 [MAP]P117A3
● 北の丸公園(→P119)
● 靖國神社(→P119)
● 染井霊園(→P135)
● 新宿御苑 [MAP]P143B3
● 外濠公園 [MAP]P152B4
● 神宮外苑 [MAP]P163E1
● 青山霊園(→P165)
● 代々木公園(→P166)
● 等々力渓谷公園 [MAP]P188B4

チューリップ(4月上旬〜中旬) ●

ツツジ(4月上旬〜5月上旬) ●

藤(4月下旬〜5月上旬) ●

5月中旬〜6月下旬
バラ
● 日比谷公園
(→P25)
● 旧古河庭園
(→P137)

バラ(5月中旬〜6月下旬) ●

アジサイ(6月上旬〜下旬) ●

6月上旬〜下旬
花菖蒲
● 皇居東御苑
(→P23)
● 靖國神社
(→P119)
● 小石川後楽園
[MAP]P193F1

花菖蒲(6月上旬〜下旬) ●

7月中旬〜8月下旬
ハス
● 上野恩賜公園
[MAP]P52B2
● 小石川後楽園
[MAP]P193F1

9月上旬〜10月下旬
コスモス
● 浜離宮恩賜庭園
(→P90)

春には東京の各所でサクラが楽しめる。
写真は外堀通りの飯田橋駅周辺

7月	8月	9月	10月	11月	12月

神宮外苑のイチョウ並木の紅葉

2月上旬〜3月下旬

ウメ
- 皇居東御苑(→P23)
- 日比谷公園(→P25)
- 浜離宮恩賜庭園(→P90)
- 芝公園(都立)(→P101)
- 湯島天満宮(湯島天神)(→P128)
- 新宿御苑　MAPP143B3
- 小石川後楽園　MAPP193F1

4月上旬〜5月上旬

ツツジ
- 上野恩賜公園　MAPP52B2
- 根津神社(→P66)※4月下旬まで
- 旧古河庭園(→P137)
- 護国寺(→P141)
- 代々木公園(→P166)
- 新宿中央公園　MAPP192A3

4月下旬〜5月上旬

藤
- 旧芝離宮恩賜庭園
(→P90)
- 小石川後楽園
MAPP193F1

6月上旬〜下旬

アジサイ
- 白山神社
(→P132)

11月中旬〜12月上旬

紅葉
- 日比谷公園(→P25)
- 上野恩賜公園　MAPP52B2
- 北の丸公園(→P119)
- 六義園(→P136)
- 旧古河庭園(→P137)
- 新宿御苑　MAPP143B3
- 神宮外苑　MAPP163E1
- 代々木公園
(→P166)
- 国立科学博物館附属自然教育園
(→P182)
- 等々力渓谷公園　MAPP188B4
- 小石川後楽園　MAPP193F1

● ハス(7月中旬〜8月下旬)

●コスモス(9月上旬〜10月下旬)

9月上旬〜10月下旬

キク
- 浜離宮恩賜庭園
(→P90)
- 新宿御苑
MAPP143B3

●キク(9月上旬〜10月下旬)

●紅葉(11月中旬〜12月上旬)

東京イベントカレンダー

一年中、東京は祭りやイベントがいっぱい。
伝統のものから新しく生まれたものまで、内容もバラエティ豊かだ。

3月中旬〜4月上旬

うえの桜まつり
●うえのさくらまつり

上野恩賜公園は、江戸初期、天海僧正が吉野山から移植させて以降の桜の名所。満開の桜のもと、多彩な催しが行われる。20:00までボンボリが灯り、夜桜見物を楽しむ人でも賑わう。
☎03-3833-0030（上野観光連盟）
●上野恩賜公園　**MAP** P52B2

4月8日に近い日曜

花まつり
●はなまつり

お釈迦様の誕生を祝う。子供が健やかで立派に成長することを願い、稚児に扮して行列する練供養や音羽ゆりかご会による童謡の奉納などを開催。
☎03-3941-0764（護国寺）
●護国寺（→P141）境内　**MAP** P139C2

5月4・5日

清正公大祭
●せいしょうこうたいさい

加藤清正公ゆかりの祭り。葉菖蒲の入った勝守（かちまもり）が授与される。己に勝ちすべての勝負に勝つとの意味が込められたお守りだ。
☎03-3441-9379（覚林寺）
●覚林寺（→P181）境内　**MAP** P181B2

5月中旬

神田祭（天下祭）
●かんだまつり（てんかまつり）

山王まつり、深川八幡祭と並んで江戸三大祭の一つとされ、徳川将軍上覧の祭りだっため天下祭ともよばれている。本祭は隔年開催。
☎03-3254-0753（神田神社）
●神田明神（神田神社）（→P122）と周辺　**MAP** P123B2

5月第3日曜が最終日の3日間

三社祭
●さんじゃまつり

神楽殿ではびんざさら舞の奉納やお囃子の奉演などが行われる。よび物は、本社神輿の勇壮な宮出し。その後、本社神輿は各町を渡御し、浅草の町は祭り一色になる。
☎03-3844-1575（浅草神社）
●浅草神社（→P36）と浅草一帯　**MAP** P34B2

5月24日

とげぬき地蔵尊例大祭
●とげぬきじぞうそんれいたいさい

とげぬき地蔵尊 高岩寺の春の大祭。巣鴨地蔵通りに多くの露店が並び大いに賑わう。
☎03-3917-8221（高岩寺）
●とげぬき地蔵尊 高岩寺（→P136）と周辺　**MAP** P135A3

6月10日に近い土・日曜中心

つきじ獅子祭
●つきじししまつり

波風を治めるという巨大な獅子頭を担いで練り歩く祭礼。9時に宮出しし、夕方の宮入まで築地界隈を巡行する様子がみどころ。
☎03-3541-8451（波除稲荷神社）
●波除稲荷神社（→P80）と周辺　**MAP** P80A3

6月15日を含む7〜10日間

山王まつり
●さんのうまつり

三代将軍家光公以来、江戸城内に入御した神輿を歴代将軍が上覧拝礼する「天下祭」として盛大を極めた祭り。都心に華麗な王朝絵巻を展開。
☎03-3581-2471（日枝神社）
●日枝神社（→P110）と周辺など　**MAP** P109C3

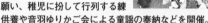

6月23・24日
千日詣り・ほおづき縁日
●せんにちまいり・ほおづきえんにち

浅草の市の発祥として広く知られている。境内にほおづきが並び、この日に参拝すれば1000日分のご利益があるとされている。

☎03-3431-0327（愛宕神社）
●愛宕神社（→P100）境内 MAP P101B1

7月6〜8日
入谷朝顔まつり
●いりやあさがおまつり

境内と周辺の言問通り沿いに朝顔の市がズラリと並ぶ。縁日風の屋台も数多く軒を並べ、終日大賑わいとなる。

☎03-3841-1800（眞源寺）
●入谷鬼子母神（眞源寺）（→P58）と周辺 MAP P57C3

7月9・10日
四万六千日ほおずき市
●しまんろくせんにちほおずきいち

浅草の名物の市の一つ。浅草寺境内に約100軒のほおずきの露店が並ぶ。この日に参拝すれば4万6000日分のご利益があるといわれる。

☎03-3842-0181（浅草寺）
●浅草寺（→P36）境内 MAP P34B2

7月最終土曜（予定）
隅田川花火大会
●すみだがわはなびたいかい

江戸時代以来の歴史がある伝統行事。隅田川の駒形橋〜厩橋間と桜橋〜言問橋間で打ち上げられる。打ち上げ総数は約2万発。

☎03-5608-1111（墨田区文化芸術振興課）※隔年で台東区観光課
☎03-5246-1111と交互に主催。●隅田川 MAP P34B4・P42A3

8月15日を含む数日間
深川八幡祭（富岡八幡宮例祭）
●ふかがわはちまんまつり（とみおかはちまんぐうれいさい）

「江戸三大祭」の一つ。3年に1度、八幡宮の御鳳輦が渡御を行う年は本祭り。大小合わせて120数基の町神輿が出る。

☎03-3642-1315（富岡八幡宮）
●富岡八幡宮（→P86）と周辺 MAP P85B4

9月16日中心に前後11日間
だらだら祭り（生姜祭り）
●だらだらまつり（しょうがまつり）

芝大神宮の秋の祭礼で長い期間開催することからこの名前が付いた。神前に甘酒と生姜が供えられ、生姜市や屋台も出て賑わう。

☎03-3431-4802（芝大神宮）
●芝大神宮（→P103）と周辺 MAP P101C3

10月19・20日
べったら市
●べったらいち

江戸中期から続く伝統の市。商売繁盛の神様・日本橋の寶田恵比寿神社周辺に、浅漬け大根の「べったら漬」の露店が数多く並ぶ。

☎090-4674-7071（寶田恵比寿神社べったら市 保存会）
●寶田恵比寿神社 MAP P31

11月の酉の日
酉の市
●とりのいち

境内いっぱいに商売繁盛の縁起物「飾り熊手」を商う露店が並び深夜まで大賑わいとなる。なお、酉の市は浅草・鷲神社などでも開かれる。

☎03-3209-5265（花園神社）
●花園神社（→P144）境内 MAP P143B2

12月14日
義士祭
●ぎしさい

赤穂浪士（義士）の吉良邸への討ち入りを記念した祭り。浅野内匠頭長矩墓所での墓前供養や献茶式、義士行列などが行われる。

☎03-3441-5560（泉岳寺）
●泉岳寺（→P182）境内と周辺 MAP P181C2

12月17〜19日
羽子板市
●はごいたいち

歳末の風物詩の一つ。浅草寺境内の露店に並ぶ羽子板には、伝統の飾り羽子板に加え、その年の時事をテーマにしたものも多数見られる。

☎03-3842-0181（浅草寺）
●浅草寺（→P36）境内 MAP P34B2

※祭りやイベントの日時は変更になる場合があります。おでかけの前にご確認ください

東京中心部

練馬

N 0 ────── 1km
1:90,000

P192-193

P196-197

池袋・巣鴨・
谷中・上野

0　　300m
1:25,000

㉕巣鴨・駒込 P13

⑨都電荒川線 P60-61

㉖雑司ヶ谷 P139

㉔白山・茗荷谷 P131

豊島区

文京区

新宿区

新宿・神楽坂・
赤坂・永田町

0　　　300m
1:25,000

Ⓐ　Ⓑ　Ⓒ

中井駅
学習院下
落合中央公園
東西線
ビッグボックス
高田馬場駅
西友
戸塚署　都電荒
都電荒
小滝橋
馬場口
いなげや
落合局
諏訪町
馬場口
マルエツ
落合駅
学習院女子
① 中野駅へ
西早稲田駅
戸山公園
副都心線
早稲田大
戸山高
明大中野高
東中野駅
箱根山
保善局
東京山手
メディカルセンター
海城学園
国際医療セ

中野区
中央本線
氷川神社
北新宿一
国際医療セ
宮下
大久保通り
大久保二
実践学園
大久保駅
新大久保駅
② 新宿 P143
こども教育宝仙大
北新宿百人町
都営大江戸線
東新宿駅
抜弁天
宝仙寺
ハイジア
中野坂上
中野坂上駅
成子坂下
大久保
法善寺
サンライト
ツイン
ハーモニー
スクエア
成子天神
西武新宿駅
新宿文化センター
東京医科
総合芸術
福寿院
成子天神
西新宿駅
大ガード西
新宿区役所
東京医科
東京工芸大
花園神社
新宿五
新宿五東
東京
都庁
ヒルトン
小田急
伊勢丹
新宿三丁目駅
富久町西
小田急
京王
新宿四
新宿御苑前駅
太宗寺
清水橋
西新宿
五丁目駅
新宿中央公園
P185
工学院
京王
新宿高
四谷
関東国際局
新宿四
新宿御苑トンネル
東京都庁 P145
展望室
高島屋
新宿御苑
JR総合病院入
新宿御苑
西新宿四
西参道口
文化学園大
南新宿駅
代々木駅
千駄ヶ谷駅
東京オペラシティ
新国立劇場
初台駅
初台
③ 明治神宮 P167
幡ヶ谷駅
京王新線
西参道
宝物殿
北参道
国立
競技場駅
京王線
参宮橋
北参道駅
本町一
参宮橋駅
明治神宮内苑
山手線・埼京線
副都心線
津田塾大
仙寿院
小田急線
北参道
スポーツ
センター
明治神宮御苑
千駄ヶ谷小
初台坂下
④ 渋谷区
中野通り
代々木公園
東郷神社
初台坂下
代々木八幡
原宿駅
渋谷区
南参道
代々木上原駅へ
Ⓐ　代々木八幡駅　Ⓑ　代々木公園　渋谷区　Ⓒ

⑨ 都電荒川線 P60-61

㉙ 神楽坂 P152

㉓ 湯島・本郷 P127

㉑ 九段 P117

㉘ 市ケ谷・麹町 P147

新宿区

② 皇居周辺 P22

⑲ 赤坂 P109

⑳ 永田町 P113

千代田区

半蔵門

宿・青山 P162-163

港区

独協高・中

肥後細川庭園

目白坂下

伝通院

淑徳SC

竹早高

白山駅へ

都営三田線

本郷三丁目駅へ

春日駅

水道橋駅

神保町駅へ

江戸川橋駅

有楽町線

丸ノ内線

富坂下

春日駅

文京区役所

後楽園駅・春日町

小石川後楽園 P184・185

東京ドーム

鶴巻町

鶴巻町東

早稲田

馬場下町

早稲田高

赤城神社

筑土八幡神社

江戸川橋駅

神楽坂駅

牛込天神町

矢来能楽堂

毘沙門天（善國寺）

光照寺

牛込北町

神楽坂上

かくれんぼ横丁

飯田橋

飯田橋駅

飯田橋一

暁星

牛込柳町駅

市谷柳町

牛込神楽坂駅

理科大

東京理科大学
近代科学資料館

若松町

若松河田駅

成城高・中

京女子医大

曙橋駅

合羽坂

新宿区

防衛省

市谷亀岡八幡宮

市谷見附

日本歯科

日本歯科大

九段中等

九段下

九段下駅

千代田区役所

靖國神社

九段坂上

日本武道館

北の丸公園・科学技術館

三丁目駅

丸ノ内線

四谷三

四谷署

市ケ谷駅

東京家政学院大

市ケ谷駅

東京元赤
記念公園

半蔵門

東京国立近代美術館

東京カメラ
博物館

麹町署

半蔵門

半蔵門駅

半蔵門駅

信濃町駅

四谷見附

四ツ谷駅

聖イグナチオ教会

麹町駅

上智大

迎賓館

赤坂御用地

国立劇場

坂下門

皇居

二重橋

桜田門

桜田門駅

警視庁

法務省旧本館
れんが棟・法務省

赤坂見附

豊川稲荷東京別院（妙厳寺）

永田町駅

赤坂見附

赤坂署

赤坂見附駅

山脇学園

日比谷

国会図書館

衆議院
憲政記念館

三宅坂

永田町駅

国会議事堂

国会議事堂前駅

霞ケ関駅

青山

青山一

青山通り

半蔵門線

銀座線

千代田線

赤坂サカス

TBS

赤坂駅

溜池
山王駅

赤坂

霞ケ関

法務省

日比谷公園

外苑前駅

青山
一丁目駅

乃木坂駅へ

六本木駅へ

六本木一丁目駅へ

虎ノ門駅

財務省

文科省

総理大臣官邸

内閣府

溜池

文京区

Ⓐ 根岸駅
東京文化会館
上野駅
台東区役所
京成上野駅
上野 広小路駅
Ⓑ
稲荷町駅
浅草通り
銀座線
Ⓒ 浅草駅
浅草演芸
仲見世
東本願寺
観光セ

台東区
田原町駅

都営大江戸線
御徒町駅
新御徒町駅

湯島天満宮
(湯島天神)
湯島駅
千代田線

⑦ 上野 P52
仲御徒町駅
都営大江戸線

蔵前駅

蔵前駅

23 湯島・本郷 P127
末広町駅
(神田明神)

山手線・京浜東北線
つくばエクスプレス
日比谷線

鳥越神社

御茶ノ水駅
ニコライ堂
明治大博物館

新御茶ノ水駅

秋葉原駅

浅草橋駅

浅草橋駅

忍岡高

三井

② 神保町駅
小川町駅
淡路町駅
銀座線

岩本町駅

総武本線
馬喰町駅

東日本橋駅

両国駅

回向院

22 お茶の水・神田 P123
神田駅

③ 日本橋 P27
馬喰横山駅

⑥ 両国 P47

② 皇居周辺 P22

小伝馬町駅

新日本橋駅

浜町公園

浜町駅

Ⓒ

③

大手町駅

三越前駅

人形町駅

水天宮

① 東京駅・丸の内 P17

小網神社

水天宮前駅

東京駅

日本橋駅

人形町 P31

二重橋前駅

JPタワー「KITTE」

茅場町駅

中央区

⑬ 築地・月島・佃島 P80

⑫ 銀座 P73
宝町駅

Ⓓ 有楽町駅

八丁堀駅

Ⓓ 日比谷駅

銀座
一丁目駅

京葉線

銀座駅

門前仲町駅

194

Ⓐ ── Ⓑ ── Ⓒ

⑤ 東京スカイツリー®周辺 P42

葦 P34

⑭ 深川 P85

墨田区

江東区

東武スカイツリーライン とうきょうスカイツリー駅

押上(スカイツリー前)駅

本所吾妻橋駅

東武亀戸線

小村井駅

東あずま駅

亀戸水神駅

亀戸駅

亀戸駅前

亀戸七

錦糸町駅

総武本線

住吉駅

都営新宿線

西大島駅

大島駅

菊川駅

清澄白河駅

半蔵門線

東陽六

渋谷・青山・六本木・品川

N 0 300m
1:25,000

32 明治神宮 P167

30 渋谷 P157

33 代官山・恵比寿 P169

34 目黒 P173

渋谷区

世田谷区

目黒区

代々木公園駅
明治神宮前〈原宿〉駅
南青山三
北参道駅
神宮前
太田記念美術館
表参道ヒルズ
表参道駅
表
交番前
原宿駅
半蔵門線・銀座線
岡本太郎記念
国連大学
青山学院大
東京
駒場公園
東大教養学部
駒場東大前駅
京王井の頭線
国際高
日工大駒場
筑波大附属
駒場高
機動隊
東邦
東急田園都市線
松見坂
神泉駅
神泉町
金王神社
実践女子
国学院大
広尾高
氷川神社
並木橋
渋谷二
渋谷駅
渋谷ヒカリエ
渋谷区役所
戸栗美術館
Bunkamura（休業中）
渋谷区立松濤美術館
西武
東急REI
コスモプラネタリウム渋谷
放送センター
池尻大橋駅
池尻
三軒茶屋駅
駒沢通り
青葉台一
菅刈公園
第一商高
代官LUIT SITE
渋谷区目黒
西郷山公園
蒲田塚古墳
旧朝倉家住宅
猿楽町
代官山駅
日比谷線
渋谷橋
恵比寿駅
山手線・埼京線
恵比寿ガーデンプレイス
東京都写真美術館
中目黒駅
東急ストア
鎗ヶ崎
目黒学院
中目黒立体
目黒川
東京共済
自衛隊中央病院
寿福寺
世田谷公園
三宿病院
蛇崩
下馬一
駒繋神社
祐天寺駅
目黒高
祐天寺
目黒区役所
正覚寺
首都高速中央環状線
厚生中央病院
五本木
東急東横線
目黒区
目黒署
目黒日大高
大圓寺
目黒駅
学芸大学駅
油面
多摩大目黒
大鳥神社
目黒寄生虫館
目黒不動
杉野服飾大
郵便局前
碑文谷公園
都立大学駅へ
目黒通り
林試の森公園
目黒不動尊
武蔵小山

A B C

196

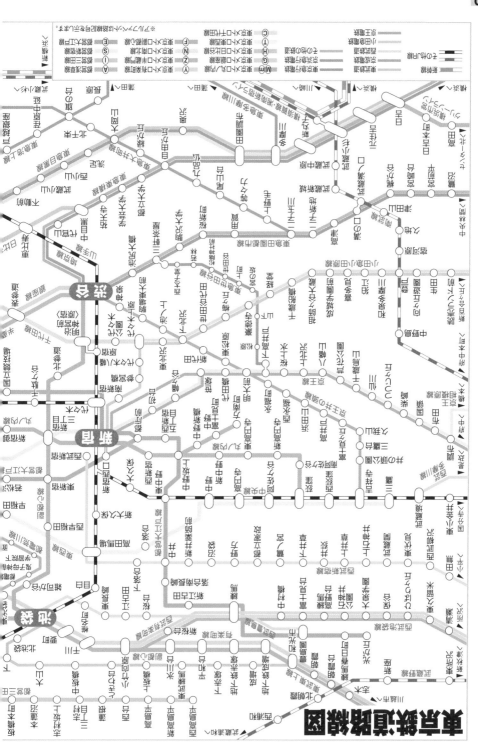

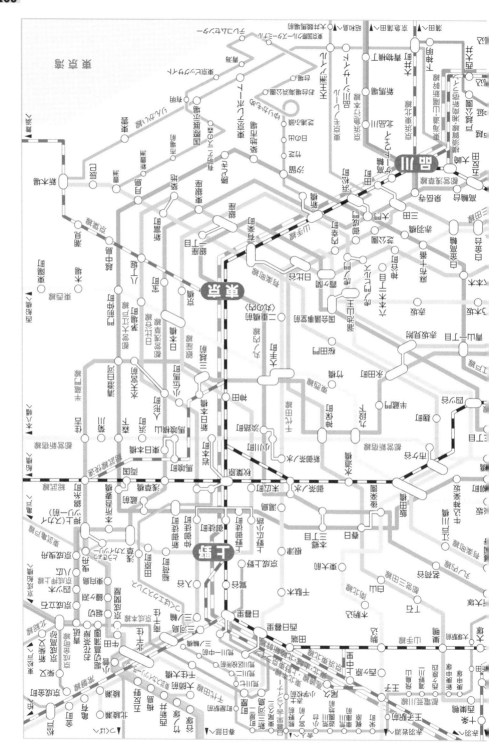

【東京交通ガイド】

東京の交通はJR山手線を頭に入れておくと便利。これに、網の目のように走る地下鉄を組み合わせれば、都心部のほぼすべてが網羅できる。

東京交通早わかりマップ

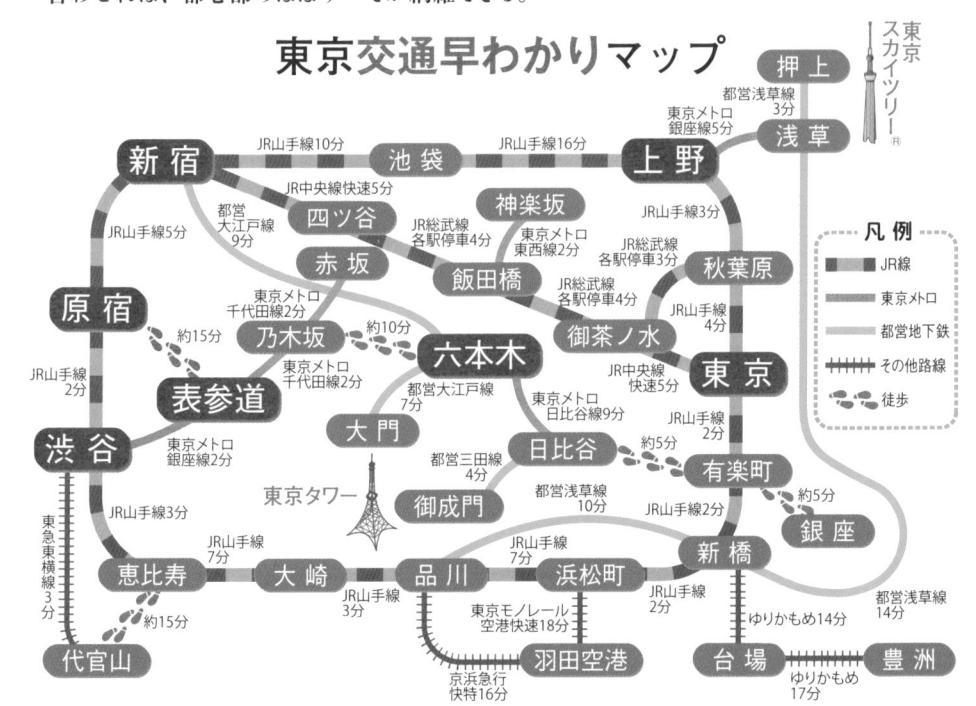

◎鉄道と地下鉄のキホン

【JR】

基本になるのは山手線

●山手線
ほぼ楕円状の路線。東京駅、上野駅、池袋駅、新宿駅、渋谷駅、品川駅など、都内の主要ターミナル駅をつないで約1時間で一周する。時計回りが「外回り」、反対が「内回り」。

●中央線
東京駅と高尾駅を結ぶ。途中の御茶ノ水駅〜中野駅間は快速運転で、四ツ谷駅と新宿駅のみ停車。

●総武線
千葉駅と三鷹駅を各駅停車で結ぶ。秋葉原駅で山手線と接続し、御茶ノ水駅〜三鷹駅間は中央線と並行。
※このほか山手線と並行する、田端駅〜品川駅間は京浜東北線、池袋〜大崎間は埼京線と湘南新宿ラインなどもある。
[問合せ]
JR東日本お問い合わせセンター ☎050-2016-1600

【地下鉄】

2つの会社が縦横に路線を運行

東京メトロと都営地下鉄が運行（P200の鉄道路線図参照）。いくつもの路線が交差する駅では、乗換えに時間がかかる場合や、永田町駅＝赤坂見附駅のように、駅名が違うが乗換え駅の場合もあるので注意。
[問合せ]
東京メトロお客様センター ☎0570-200-222
都営交通お客様センター ☎03-3816-5700

【そのほかの路線】

山手線の外側に行くにはほかの私鉄も便利

都心の東側では、お台場と都心部を結ぶ「ゆりかもめ」と「りんかい線」、羽田空港と結ぶ「東京モノレール」など。西側では、新宿駅から、京王八王子駅と結ぶ「京王線」、小田原駅と結ぶ「小田急線」、渋谷駅から、吉祥寺駅と結ぶ「京王井の頭線」、横浜駅と結ぶ「東急東横線」などが運行している。

◎乗り物で東京をまわろう

【都営バス】

使いこなすと便利で快適

交通手段としてはもちろん、地図を片手に車窓風景を楽しむと、意外な東京観光にもなる。東京23区内は乗車1回210円。路線図は都営地下鉄の駅や東京都庁などでも配布している。

［問合せ］都営交通お客様センター
☎03-3816-5700

【スカイバス】

パノラマビューが楽しめる

見晴らし抜群の2階建てオープンバスで都内を周遊。途中下車なしが基本。コースは「皇居・銀座・丸の内コース」1800円〜、約50分、「東京タワー・レインボーブリッジコース」2000円〜、約50分など。このほか夜景コースなども運行。

［問合せ］スカイバス予約センター ☎03-3215-0008

【はとバス】

ガイド付きの定期観光バス

名所めぐりから夜景観賞、降車なしの周遊など、さまざまなコースを用意。2階バスによるものや、水上バスや迎賓館などと組み合わせたコースもある。コースにより曜日限定のものがあるので注意。

［問合せ］はとバス予約センター ☎03-3761-1100

【水上バス】

水上から東京を見学

東京都観光汽船が「浅草〜日の出桟橋」1000円、約40分、「日の出桟橋〜お台場海浜公園」600円、約20分などを運航。東京水辺ラインが「浅草〜お台場」1200円、約70分なども。※2024年7月以降料金変更の場合あり

［問合せ］東京都観光汽船 ☎なし
東京水辺ライン ☎03-5608-8869

◎便利でおトクな一日乗車券

チケット名	ねだん	乗れる電車やバスなど(フリー区間)					チケット売り場 (一部、発売しない駅あり)	内容
		JR	東京メトロ	都営地下鉄	都バス	その他		
東京フリーきっぷ	1600円	○	○	○	○	都電、日暮里・舎人ライナー	都区内のJR線と東京メトロ・都営地下鉄の各駅の券売機	東京23区内のJRと地下鉄や都バス、都電などの乗り物が1日乗り放題。
東京メトロ・都営地下鉄共通一日乗車券	900円		○	○			東京メトロ・都営地下鉄の各駅の券売機	東京の地下鉄全線が1日乗り放題。いちいちきっぷを買う手間が省ける。
東京メトロ24時間券	600円		○				東京メトロの各駅の券売機と定期券うり場	東京メトロ全線が乗り放題。使用開始から24時間有効。当日券のほか前売り券もある。
都営まるごときっぷ(一日乗車券)	700円			○	○	都電、日暮里・舎人ライナー	都営地下鉄、日暮里・舎人ライナーの各駅の券売機、都バス・都電の車内	都営地下鉄、都バス、都電など東京都交通局の路線に1日乗り放題。

※このほか、JR東日本には、東京近郊の休日のおでかけに便利な「休日おでかけパス」もある。
　●フリーエリア内の普通列車（快速含む）普通車自由席、東京臨海高速鉄道線（りんかい線）全線、東京モノレール線全線が乗り降り自由。自由席のみの利用だが、別に特急券やグリーン券等を買い求めると、新幹線・特急列車・普通列車グリーン車なども利用できる（東海道新幹線は除く）。
　●有効期間は1日間で、大人2720円。
　●利用期間は土・日曜、祝日及び、4月29日〜5月5日、7月20日〜8月31日、12月29日〜1月3日の毎日。

INDEX
—索引—

■■ みどころ・遊びどころ ■■

■ ■ 買う ■ ■

2024年5月15日初版印刷／2024年6月1日初版発行

編集人　廣井友一
発行人　盛崎宏行
発行所　JTBパブリッシング
　　　　〒135-8165　東京都江東区豊洲5-6-36
　　　　　　　　　　豊洲プライムスクエア11階
　　　　　https://jtbpublishing.co.jp/contact/service/

編集・制作／情報メディア編集部
編集デスク／大澤由美子
編集スタッフ／新庄希美
組版・印刷所／TOPPAN

編集・取材スタッフ／むしか (小野川由基知／髙尾英里／
大須賀有詞亜／松井夏美)、森本勝哉、
編集スタジオ彫 (神永　裕／久保隆志／原　恵子)、
エイジャ(新間健介／佐藤未来／水沼亜樹／末松敏樹／佐々木ねいろ)、
林みちこ、飯田知佳子、小野澤正彦、木村嘉男

デザイン／DEZAQ株式会社 (百崎ゆう)

表紙デザイン／Design Cue inc. (土田伸路)

表紙写真／東京駅

写真協力／西村光司、加藤義明、楠聖子、樋口一成、アフロ、PIXTA

地図／千秋社

・本書に掲載した地図の作成に当たっては、国土地理院発行の5万分の1地形図、数値地図25000 (空間データ基盤)、数値地図2500 (空間データ基盤) を使用したものです。
・本書掲載のデータは2024年3月末日現在のものです。発行後に、料金、営業時間、定休日、メニュー等の営業内容が変更になることや、臨時休業等で利用できない場合があります。また、各種データを含めた掲載内容の正確性には万全を期しておりますが、おでかけの際には電話等で事前に確認・予約されることをお勧めいたします。なお、本書に掲載された内容による損害等は、弊社では補償いたしかねますので、予めご了承くださいますようお願いいたします。
・本書掲載の商品は一例です。売り切れや変更の場合もありますので、ご了承ください。
・本書掲載の料金は、原則として取材時点で確認した消費税込みの料金です。また、入園料などは、特記のないものは大人料金です。ただし各種料金は変更されることがありますので、ご利用の際はご注意ください。
・定休日は、原則として年末年始・お盆休み・ゴールデンウィーク・臨時休業を省略しています。
・本書掲載の利用時間は、特記以外原則として開店(館)～閉店(館)です。オーダーストップや入店(館)時間は、通常閉店(館)時刻の30分～1時間前ですのでご注意ください。
・本書掲載の交通表記における所要時間はあくまでも目安ですのでご注意ください。

244581　803893
ISBN978-4-533-15844-5 C2026
©JTB Publishing 2024
無断転載禁止　Printed in Japan

おでかけ情報満載　https://rurubu.jp/andmore

編集内容や、商品の乱丁・落丁のお問合せはこちら

JTBパブリッシング お問合せ 🔍

https://jtbpublishing.co.jp/
contact/service/